訳せない日本語

日本人の言葉と心

大來尚順 OGI,Shojun

アルファポリス文庫

https://www.alphapolis.co.jp/

はじめに

私は現在、僧侶である傍《かたわ》ら、日本語と英語を使い、主に仏教関係の通訳や翻訳の仕事をしています。

実は、日本の大学を出た後にアメリカの大学院へ進学し、西洋文化圏で仏教の研鑽《けんさん》を深め、さらにアジア諸国を放浪しながら仏教を学んだという、少し風変わりな背景を持っています。

今日、こうした仕事を始めて十二年が過ぎました。振り返れば、有り難いご縁に巡り合い、次から次へと通訳や翻訳の仕事に携わらせていただきました。

中には難解な仕事も多く、四苦八苦しながら乗り越えてきた歳月でしたが、こうして多くの経験と知識を得ることができたからこそ、自身の中で常々違和感を覚えていたことがありました。

それは、どうしても「日本語には、ニュアンスを英語では伝えきれない言葉がある」ということです。

繰り返し出てくる何気ない日本語を英訳するにあたって、訳してもどこかしっくりこない言葉が数多くあったのです。

しかし、これまではそうした違和感をもちつつも、決まった対訳を使ってきました。

そんな中で、私自身まだまだ未熟ながらも、ある程度の通訳や翻訳の経験を重ねてきた今、「なぜ日本語のニュアンスを英語では伝えきれないのか」ということについて考える余裕を持てるようになってきました。

そして、ようやく気が付いたのが『英語に訳せない日本語の中にこそ、他の国や文化にはない日本独自の奥深さが宿っているのではないか』ということです。

本書では、私たちにとって馴染み深い二十四の日本語を例にし、それぞれの言葉の奥に隠されている深い意味を綴っています。

この度、より多くの方に親しみをもって読んでいただくため、文庫本として出版する運びとなりました。

是非とも、本書を通じて、普段何気なく使っている日本語に含まれる「日本人の言葉と心」の奥深さを、一人でも多くの方に振り返っていただければ幸いです。

令和二年四月　大來尚順

目次

第2章 何気なく使う言葉に含まれる「和」の心

第3章 日本人の心に根ざした言葉

第4章 日本文化に育まれた奥深い言葉

第1章

あいさつの言葉に隠された温かな思い

WORD
01

いただきます

●思い出のある「いただきます」

日本人の習慣として口にする言葉のひとつに、「いただきます」があります。実は、この言葉は私の大好きな言葉のひとつで、自分にとってはちょっとしたエピソードがあります。

私は小さな頃から、ごはんを食べるときは、テーブルに座り食卓に並んだ料理を目の前に、手を合わせ、大きな声で「いただきます」と叫び、母の「はい、どうぞ」という声を聞くまで決して食べませんでした。

ときには、母が庭の掃除で外にいることもあり、そのときは、外にいる母に聞こえるように張り裂けんばかりの声で「いただきまーす」と叫び、それに対して母も負けじと「はーい」という声を張りあげて返事をしてくれていました。

そんな私と母の掛け合いの思い出ということもあり、この言葉を大事にしていました。

その後も、小学校、中学校、高校、大学、そして留学のためアメリカへ行っても、食前の「いただきます」は、自身の変わらない習慣として大切にしてきました。

今ではさすがに「いただきます」と叫ぶことはありませんが、外食の際のお店でも、移動中の新幹線や飛行機の中でも、**どこにいようとも食事をするときは、必ず手を合わせて、「いただきます」を口にします。**

そんな中、以前、こんなことがありました。

あるとき、出張でイギリスへ行くことがありました。長時間のフライトで唯一の楽しみは、機内での食事です。その食事をいただこうと、いつも通りに手を合わせ「いただきます」と口にしました。

すると横に座っていらしたイギリス人の方に、「素晴らしい」と日本語で褒められました。お話ししてみると、その方は日本にもう十年以上も住んでいらして、福岡県内の大学で英語を教えていらっしゃる方でした。

私が機内であまりに堂々と手を合わせて「いただきます」と口にするものだから、驚いたそうです。

これがきっかけで、私は自分が僧侶であることも明かし、「いただきます」の意味をはじめ、**日本文化について考えることになりました。**

そして、「いただきます」を英語にするとどのようになるのか尋ねると、イギリス人の先生は、僧侶の立場からどのように英語にするのか興味深いので聞かせて欲しいと、逆に尋ねられました。

そのとき、初めて当たり前のように使っていた「いただきます」という言葉の意味を私自身、深く考えました。

「いただきます」の意味

食前に口にする「いただきます」の意味を尋ねられると、一般的には食事を作ってくださった方々への感謝だと答える方が多いと思います。

もちろん、この感謝の気持ちも含まれていますが、実は真意はもっと深いものです。

本来「いただきます」の前には「いのちを」という言葉が隠されているのです。これを英語にすると「I take your life.」（私は「いのちを」奪う）となり、ストレートでわかりやすくなります。

つまり、私たち人間は、動物、野菜、空気中の細菌やウイルスを含め、他のいのちの犠牲なくしては生きていけないのです。

言い換えるならば、**私たちは常にさまざまな「いのち」に支えられて、「生かされている」のです。**

この意味を踏まえると、まず「いただきます」と口にして思うべきことは、「申しわけない」という他のいのちへの懺悔《ざんげ》なのです。すると自ずと頭が下がります。そして、**そこから感謝が生まれてくるのです。**

ですから、一案として英訳は「I am so sorry for taking your life and greatly appreciate receiving your life.」（あなたのいのちを奪ってしまい、申し訳ありません。有り難く「いのち」を頂戴いたします）と表現できると思います。

また、「いただきます」に漢字を当てるならば「頂きます」になります。「頂き」とは頂上を意味します。本来ならば、大切な他の「いのち」は尊敬の念を持って高いところから授かるものです。

しかし、実際に私たちが食事をしようとするとき、料理となって目の前に並ぶさまざまな「いのち」は、私たちの頭の位置より低い場所にあります。よって「いただきます」と言うときには、合掌しながら頭を下げて、他の「いのち」に対して尊敬の念を伝えるのです。**実は、動作の中にも「いただきます」の真意が込められているのです。**

「いただきます」を支える精神

しかし、ふと思うことは、「いただきます」という深い懺悔と感謝の気持ちが込められた言葉が作り出された背景には一体何があるのかということです。私はここに、日本人の「凡夫」（ぼんぶ／ぼんぷ）としての自覚があるのだと思います。

「凡夫」とは、仏教用語の一つで、「煩悩を断じていない愚かな私たち」の

ことをいいます。

私たちというのは、煩悩《ぼんのう》（貪《むさぼ》ること・怒ること・無知であること）を持つがゆえに自他共に傷つけながら生活しています。

他を傷つけたくないと思っていても、結局は傷つけてしまうことや、結果的には傷つけてしまっていたということがあります。

言い換えれば、私たちは巡り遇《あ》わせ（これを縁とも呼びますが）次第では、何をしでかすか分からないとても不安定な存在です。**ここに人間の罪悪性があります。これが「凡夫」の姿です。**

しかし、大切なことは、「凡夫」の自覚で終わらないことです。せめて意識できる自らの悪に対しては懺悔し、**感謝の気持ちを持って生活しようというのが、日本人の素晴らしい精神なのだと思います。**

その精神の現れとして、「いただきます」という言葉と、頭を下げる動作が生み出されたと考えられます。

しかし、昔と比べると、今日の日本では「せめて意識できる悪」の認識の具合が低下しているように思えます。

これは、「いただきます」という言葉の意味が表面的な内容でしか語られなくなっていることにも表れているのではないでしょうか。

また、テレビ、インターネットなどのメディアを通して、信じられないような悲しい事件が目や耳に飛び込んできてしまう現実にも関係しているように思えます。

言葉だけではなく、その言葉の真意や精神をも引きついでいかなければならないと、「いただきます」という言葉の意味を考える中で学ばせていただきました。

WORD

02

ごちそうさまでした

忘れがちな言葉

食前の「いただきます」という言葉はよく口にしても、お腹が満腹になってついつい食後の「ごちそうさまでした」という言葉を忘れがちになってしまう人が多いのではないでしょうか。

実は私もそのひとりです。幼い頃からの習慣で、必ずといっていいほど食前には「いただきます」を口にしていますが、急いでご飯を食べ終わったときなど、手を合わせるだけで、**ついつい食後の「ごちそうさまでした」の言葉をおろそかにしてしまいます。**

ここで思い出すのが、アメリカに留学していたときのことです。ある年のサンクスギビングデー（感謝祭）の際、私は友人のキリスト教牧師の家に招待されました。ちなみに、サンクスギビングデーとは、アメリカやカナダの祝日のひとつです。

現在では、日本のお正月のような意味合いを持ちますが、もともとはアメリカ大陸に移住したイギリス人が初めて収穫を迎え、その恩を神に感謝し、収穫に際し手助けしてくれたネイティブアメリカンに、お礼として食事をふるまったことに由来するといわれています。

友人牧師の家を訪問すると、友人の家族や仲間が大勢いました。そして、一緒に食事の準備をして、**いざ食べようと食卓に着くと、友人牧師の発声とともに皆が隣の人の手を握り、食事をいただく恩恵と「いのち」の繋がりに感謝する、食前の祈りが始まりました。**

私も見よう見まねで参加しながら、西洋にも食前の言葉があることに感心したのを覚えています。そんな中、**私がついつい手を合わせて「いただきます」と口にしたことから、食事中の会話のテーマは日本語の食前食後の「いただきます」「ごちそうさまでした」の言葉の説明に押し流されました。**

しかし、残念ながら当時の私は、英語で「ごちそうさまでした」を説明することができませんでした。なぜならば、その意味を深く考えたことがなかったからです。

「ごちそうさまでした」の意味

一般的には、「ごちそうさまでした」は英語では「Thank you for the wonderful meal.」（素晴らしい食事をありがとう）、「It was a great dinner.」（素晴らしい夕食でした）などと表現され、**食事をいただいたことへの感謝**

の意味が表現されています。

これは、「ごちそうさま」という日本語の本来の意味にも通じています。「ごちそうさま」とは、元来食事などのおもてなしをするために、あちらこちらを走りまわり、**食材を求めた苦労に感謝する言葉です。**実は、この言葉のルーツは、仏教にあります。

もともとはバラモン教の神さまで、仏教に取り入れられて護法神（仏法や仏教徒を守る神）の一体となった「韋駄天《いだてん》」という神さまがいます。「韋駄天」は、お釈迦さまが亡くなった後、お釈迦さまの歯を盗んだ盗人を駿足で追いかけて捕まえ、その歯を取り戻したという言い伝えがあり、これが足が速い人のことを「韋駄天」ということの由来になっています。

「ごちそうさまでした」の「ちそう」は漢字で「馳走」と書き、「走り回る」という意味を持つ言葉ですが、「韋駄天」が駆け巡って食物を集めたことに由来します。しかし、この言葉はおもてなしをする「美味しい料理」という意味に転じられ、**「ごちそうさまでした」は「美味しい料理」（ご馳走）をいただくことや、その準備をしていただいたことに感謝する言葉になったようです。**

●「ごちそうさまでした」の英訳に学ぶ

しかし、**私はどうも通常の英訳に寂しさを感じずにはいられません**。なぜならば、これらは食事を摂取できた感謝の気持ちにフォーカスされ、そのご縁の中身には触れることなく、**表面的な意味しか表現されていない気がするからです。**

ここで注目したいのが、食前の言葉である「いただきます」の解釈です。「いただきます」を「いのちをいただきます」と意訳すると、「ごちそうさまでした」の意味は、それに対応して「いのちをいただきました」となり、英語では「I received your life.」となります。

また、「いただきます」に含まれる懺悔と感謝の深意を抽出して、「多くのいのちを奪ってしまい、申し訳ありません。有り難くいのちを頂戴いたします」と解釈すると、「ごちそうさまでした」は「有り難くいのちを頂戴いたしました」という意味となり、「I am so sorry for taking your life and greatly appreciate to having received your life.」と英訳できます。

つまり、**「いただきます」の解釈によって、「ごちそうさまでした」の意味も変化する**のです。「いただきます」の解釈が深いほど、それに比例して「ごちそうさまでした」の解釈も深くなり、英訳した際に人間の内面が詳しく表現されるようになります。英訳することで、何を思い「ごちそうさまでした」という言葉を口にすべきなのか明確にすることができました。**食前の言葉である「いただきます」とともに、大切にしたい言葉です。**

WORD
03

いってきます

習慣の言葉

毎日使う言葉の一つとして「いってきます」があると思います。仕事へ行くとき、学校へ行くとき、お出かけするときなど、見送ってくれる人やペットに「いってきます」と声をかけてから、出発される方が多いと思います。

私は、十八歳のときに京都の大学に通うために、地元の山口県を離れました。

その頃から、夏休み、冬休み、春休みなど長期の休みを利用して実家のお寺に帰省し、また京都へ戻るとき、本堂に安置されているご本尊（寺院などで礼拝の対象となる最も大切な仏を意味し、浄土真宗では阿弥陀如来を指す）さまとお内仏（寺院の本堂とは別の場所にある家族用の仏壇）に手を合わせ、「いってきます」とあいさつをするようになりました。

この習慣は私の中で今でも続いています。現在、私は主に東京を拠点として山口県との行き来をする生活をしていますが、必ず東京へ出発する前には本堂とお内仏に「いってきます」とあいさつをしています。

「いってきます」という言葉は、当たり前過ぎて、逆に深く考えたことがない人や意味を忘れてしまい、出発前の決まり文句として使っている方も多いのではないでしょうか。

実は、私自身、アメリカで生活するまで「いってきます」という言葉の意味を誤解していました。

その当時、私は「いってきます」をどこかへ行く前の掛け声や家族に出かけることを伝える合図と理解していました。

アメリカで生活を始めた当初は、どこかへ一方的に「行くこと」や「出発すること」を強調する言葉として、「I am going.」（行きます）、「I am leaving.」（去ります）、「I am off.」（出発します）と言っていたのです。

しかし、実際にネイティブの方がこのような表現を使うことは、めったにありませんでした。その代わりに使っていた表現が、「See you later.」（また後で会いましょう）や「See you around.」（じゃあ、またね）でした。

これは再会の願いが込められたとても素敵な表現で、ただどこかへ出かけることを伝えるニュアンスで使う日本語の「いってきます」より、**よほど温かみのある表現だと感心していました。**

●「いってきます」の根底

しかし、これは**私の誤解**だったのです。日本語の「いってきます」に漢字を当てはめると「行って来ます」となり、「行って帰ってくる」ことを意味します。

つまり、日本語の「いってきます」にも同じく再会の願いが込められており、実は「I will be back.」（戻ってきます）や「See you again.」（また会いましょう）と英訳することができるのです。

そうすると、**「いってきます」とセットの言葉である「いってらっしゃい」も「無事に帰って来て欲しい」という再会の願いの意味を帯びていることになります。**

英語では「Come back safely.」（無事に帰って来てね）、「Have a good time.」（楽しんで来てね）というような表現になると思います。

また、「いってきます」という日本語は、さまざまな場面で異なったニュアンスを生みます。

例えば、大事な仕事があって、朝の出勤時に気合を入れて「いってきます」と言った場合、その意味は「仕事を頑張ってくる」というものになり、「いってらっしゃい」は「頑張って」という応援の意味になります。

実際、私が毎回山口県から東京へ戻る前にお寺で手を合わせるときの「いってきます」は、「頑張って来ます」という思いが強いのです。

このように「いってきます」は、その言葉を発する人の状況や心持ちによって、多様な意味を持ちえます。

そして「いってらっしゃい」の意味も、その多様性に連動します。しかし、**その根底には「また会いましょう」という再会の願いがあるのです。**

再会の場所

ここで私が一つ思うことは、再会する場所です。

普段、私たちは多くの場合、当然のように家や出発した場所に帰ってきて、また見送ってくれた人と会えると思って生活をしていますが、これはまったく当たり前ではないのです。

どこで何が起こるかわからないのが世の常です。突然の事故や事件に巻き込まれることなく、**無事に帰って来ることができる保証はどこにもありません。**

多くの方はこのことは頭ではきちんと理解していますが、有り難いことに、これまで偶然にも何度も戻って来ることができているがゆえに、自分はこの現実には当てはまらないと錯覚しているのです。

本当は誰もが不安定な現実の中で生活しているのです。**だからこそ、「いってきます」には再会の願いが込められているのです。**

しかし、このようなことを考え始めると不安や心配にはきりがありません。極端な話、どこへも行けなくなってしまうのではないでしょうか。

私はそんな動揺する気持ちを落ち着かせてくれる言葉を知っています。それは「倶会一処《くえいっしょ》」という言葉です。

これは仏教用語の一つで、「倶《とも》に一つの処《ところ》で会う」、再会するという意味を持つ教えであり、とくに浄土真宗で大事にされています。この「一つの処《ところ》（場所）」とは、「浄土《じょうど》」を指します。通常、「浄土」とは亡くなった後に往《ゆ》く世界だと認識されています。

正確には、煩悩だらけの身であるがゆえに、この現世では仏（目覚めた人／悟った人）になれなかった方が、亡くなった後に往く、仏と成るのに最適な環境である阿弥陀仏の住む世界を「浄土」（西方《さいほう》浄土／極楽浄土）といいます。

この「浄土」での再会の願いが込められた言葉が「倶会一処」です。これは、私が死んだ後に往くことのでき、また亡き大切な方々と再会できる場所があるという心の拠りどころとなる世界観です。

どこへ行こうが、最終的には必ずまた会える場所がある。私は「いってきます」という言葉は、そんな世界観に支えられていると思うのです。

ひょっとしたら「いってきます」という言葉は、今一緒にいる方との時間の大切さをささやいてくれているのかもしれません。

しっかりとそのささやきに耳を傾けて生活したいものです。

WORD
04
おかえり

クスッと笑う「こんにちは」と「おかえり」の掛け合い

現在、私は仕事の関係上、主に東京で生活しています。しかし、月に一度か二度のペースで、法務（説法、法事、法要、お葬式などのお寺の仕事）のお手伝いのため自坊のある山口県へ帰省しています。

ただ、自坊が田舎に位置していることもあって、移動だけでほぼ一日が潰れかねないのですが、あまり苦には思っていません。それには理由があります。

自坊に着くと、景色一面に田んぼ、畑、山、広い空が広がっています。そこからは田んぼの手入れをしたり、畑の草取りを一生懸命している近所のおじいちゃんやおばあちゃんたちがいます。

私は皆さん一人ひとりに大きな声で**「こんにちは」とあいさつをします。**そのとき、**必ず返ってくる言葉が「おかえり」です。私はこの「おかえり」という言葉が聞きたくて帰省しているところもあります。**

ここで少し不思議に思うことは、なぜ「こんにちは」とあいさつしたのに、返事が「こんにちは」ではなく「おかえり」なのかということです。

実は、これは私が昔から不思議に思っていたことの一つです。私の通っていた小学校は家から遠く、当時はバス通学でした。

そして帰り道、バスを降りるといつも近所の方が畑で仕事をされている姿が目に入り、大きな声で「こんにちは」とあいさつすると、必ず田んぼや畑から「おかえり」と大きな声が返ってきていました。

なぜ「こんにちは」という返答ではないのか疑問でしたが、この噛み合わないおかしな会話にクスッと笑いながらも、**どことなく迎え入れられたような、自分の居場所に帰ってきたような、そんな居心地のよさを感じることができ、**あまり気にしないようにしていました。

この不思議と何か温かく包まれているような感覚を与えてくれる「おかえり」という言葉は一体何なのでしょうか？　また、その言葉を口にする人々はどんな思いを持っているのでしょうか？

●「おかえり」という言葉の本来の意味とは

私は高校卒業後、勉学のために地元を離れ京都の大学へ進学し、アメリカ留学を経由して地元に戻り、はじめてこの「おかえり」には、とても奥深い意味と温かな気持ちが込められているということに気が付きました。

アメリカでの生活を終え、帰国して一時的に地元に帰ったとき、たまたま畑の中で仕事をしていた近所のおばあちゃんに「こんにちは」と声をかけたことがありました。

すると、しばらく見かけていなかったこともあって、私が誰なのか分からずちょっと首を傾げて考えたようです。

しかし私が誰なのか気が付くと、「わ～、尚《なお》ちゃん（小さなころから近所で呼ばれる私のあだ名）、おかえり!!」と、近くまで寄ってきて、とびっきりの笑顔で迎えてくれました。

そのとき、本当に戻ってきたという思いで、何とも表現できない安心を覚えました。

「おかえり」という言葉とは、まさに「よく無事に戻ってきたね」「あなたを待っていたよ」「あなたには、そのままで帰ってこられるところがあるん

だよ」というメッセージでもあるのです。

「帰ってこられるところ」の「ところ」とは、家族の待つ家であったり、地元であったり、「場所」の意味もありますが、私は「あなたをあなたのまま、そのまま優しく迎え入れて受け止めてくれる人や空間」をも指すと思うのです。

「おかえり」を英語で考えてみると、日本語の「おかえり」という言葉の奥深さがよく分かります。「おかえり」は日本語の意味合いを考えて、英語では「Welcome back.」（よく戻ってきたね）、「Welcome home.」（ようこそ家に）と翻訳されることがありますが、実はこれはとてもぎこちない表現です。

余談ですが、「ただいま」は英語で「I'm home.」と訳されることがありますが、これもおかしな英語です。ネイティブの方は、「おかえり」も「ただいま」も「Hey.」「Hello.」「Hi.」という言葉のやり取りだけで済ませます。

私もアメリカにいるときは、学生寮で一緒に暮らしていた友人が寮に戻ってきたりしたときは、当然のように「Hey.」と言っていました。笑ってしまうくらい短く、寂しい感じがしますが、それもそのはずです。**なぜならば、アメリカの家庭では基本的には「ただいま」「おかえり」という言葉を交わす習慣がないからです。**

お気付きのように、「Hey.」「Hello.」「Hi.」や「Welcome back.」「Welcome home.」では日本語が持つ本当の「おかえり」の気持ちは決して伝わりません。

私は、この英語では表すことのできない「おかえり」に含まれている気持ちこそ、**日本人の思慮深さを表していると思うのです。**

では、その表現できない思慮深さとは一体何かというと、それは「すべては当たり前ではない」（縁起《えんぎ》）と「何が起こるかわからない」（諸行無常《しょぎょうむじょう》）という真理です。

だからこそ、戻って来た方を見ると、**無意識にも当たり前ではない再会が嬉しくて、また有り難くて「おかえり」という言葉が自然と口から出るのです。**

「おかえり」の言葉をささえるもの

仏教的な立場から見ると、「おかえり」という言葉の根底には二つの仏教思想が流れています。

一つは「縁起」という教えです。これは、正式には「因縁正起《いんねんしょうき》」といい、仏教の根本思想の一つです。この世には何一つとして独立して存在するものはなく、物も現象もすべてが繋がっているということを意味します。

そして、もう一つは「諸行無常」という教えです。これは、すべてのものごとは移り変わり、現象としていつ何が起こるかわからないということを意味します。

昔の日本人は、日本ならではの四季折々の自然環境と生活の調和を大事にし、知恵を振り絞り、試行錯誤しながら生き抜いてきました。

その中で培った数多くある産物の一つが、無意識にもこの二つの仏教の根幹思想を自覚し、世の中の真理を日常生活の中で理解することだったと思うのです。

だからこそ近所の人は、**「よく無事に帰ってきたね」「また会えて、ありがたいね」**という温かく深い意味が込められた「おかえり」という言葉を、

「こんにちは」というあいさつの返答にされているのだと思うのです。**これは西洋にはない、日本独自の精神文化です。**

長い間、地元を離れ、近所付き合いもなく、「個」（自分）に固執するあまり、「他」（周り）への関心が薄れてしまった私自身、日本人が培ってきた「おかえり」という一つの言葉に含まれた奥深い意味と思想を噛みしめ、**これからは私が「おかえり」という言葉をかけてあげられるようになりたいと思います。**

WORD 05

よろしくお願いします

訳しにくい言葉

日常生活において、よく口にする言葉の一つに「よろしくお願いします」がありますす。人に何かをお願いするときやあいさつをするとき、また今日ではメールの文末には決まり文句のように使用している方も少なくないと思います。

私自身、**無意識によく口から出てしまう言葉**であり、また周りの方からよく受け取る言葉でもあります。

よく考えてみると、私にとってこの「よろしくお願いします」というひと言は、アメリカで生活しているときに、**一番英語にできずに困ったフレーズ**かもしれません。

渡米した当初、これからお世話になる方をはじめ、さまざまな方にごあいさつをさせていただく日々が続きました。その都度、「よろしくお願いします」と伝えたいと思うのですが、どう英語で伝えればよいかわからず、ぎこちない表現の英語を言った後に、握手しながら頭を下げるというおかしな動きをしていたことを思い出します。

しかし、この動作はアメリカで生活して二年、三年経っても変わることはありませんでした。

お恥ずかしながら「よろしくお願いします」のしっくりくる英語表現を習得することができなかったのです。

最終的には諦めて、にこりと笑って握手し、心の中で「よろしくお願いします」と呟くようにしていました。

また、英語でメールを作成しているときも、この言葉をどのように表現すればいいか悩みました。

日本語のメールでは、必ず文末に「よろしくお願いします」の一文を添えて送信していました。そのため英語のメールを作成するときも、どうしても文末に「よろしくお願いします」を添えたくて、英訳を試みるのですが、どうしても上手くいきません。

ネイティブの友人に相談したところ、メールを送信する相手との関係によりますが、「敬具」の意味で「Sincerely」「Yours truly」「Regards」や気楽な結びの言葉として「Best wishes」（幸あれ）、「Take care」（じゃあね）などがあると知りました。

そして、**「Thank you」であればどんなときにも無難だ**ということを聞いて以来、私の中では「Thank you」が「よろしくお願いします」の英訳だと自分に言い聞かせて使っていました。

訳せない理由

しかし、一見、英訳が簡単そうに見えるこの「よろしくお願いします」という言葉に、どうしてここまで悩まなければならないのでしょうか。

実は、それもそのはずなのです。なぜならば、元来英語にはひと言でさまざまな意味の役割を持つ日本語の「よろしくお願いします」のような表現というもの自体が存在しないからです。

英訳をする場合、「よろしくお願いします」を使う状況ごとに、その言葉の意味を理解したうえで英訳しなければなりません。

つまり、**その場面場面で自分が意図することを細かく明確にする**ことで、英訳が可能となるということです。

例えば、**何かをお願いするとき**の「よろしくお願いします」は、依頼したことへの「よろしく」という気持ちを込めて「Thank you in advance.」となります。

また、**初めて出会ったとき**のあいさつで使う場合は、「Nice to meet you.」（はじめまして）となります。

さらに、**面接などをする際**のあいさつとして使う場合は、「Thank you for taking time to meet.」（面接するお時間を作っていただきありがとうございます）などとなります。

つまり、英訳では「よろしく」というものが**何を指しているのかを明確にすることが重要**になるのです。

しかし、私自身日本語でこの言葉を使う場合、ときとして何に「よろしくお願いします」と言っているのか混乱することがあります。

何か目的や意図がなくても、無意識に口にしてしまいますが、相手も特にそれに対して疑問を感じず、「こちらこそ、よろしくお願いします」と返答されることもあります。

この場合は、一体お互いは「何」を「よろしく」と言っているのでしょうか。

「よろしく」が指し示すもの

ここで「よろしく」の意味を確認してみたいと思います。

「よろしく」とは、漢字では「宜しく」と書き、主に「ちょうどよい具合に」「是非とも」を意味し、人に何かを依頼をするときや人に好意を伝えてもらうとき（例、「よろしくお伝え下さい」など）にも使います。

ここでも「何」を「よろしく」なのか明確ではありませんが、**さまざまな「よろしく」の意味を深く掘り下げてみると、ある共通の目的に行き着きます。**

それは、**「とりはからう」（取り計らう）**ということです。つまり、**物事がうまく運ぶように考えて処理をすること**です。

これは特別な解釈ではなく、すでにご存知の方も多いと思います。
しかし、普段から何気なくさまざまな場面で「よろしく」を口にするがゆえに、**言葉が形骸化してしまっており、**気が付かなかったという方も恐らくおられるのではないでしょうか。

「よろしく」の前には、目的として、物事の便宜を図ってもらいたいという意図が省略されているのです。

しかし、注目すべきことは、その意図を言葉として表現せずともコミュニケーションが成り立ち、その意図もくみ取れることです。

これはまさに、「以心伝心」を物語っている気がします。

「以心伝心」とは、「心を以《もっ》て、心に伝う」と読み、元来は仏教（禅宗）用語で、言葉や文字では分からない仏法の真髄を、師から弟子の心に伝えることを意味しますが、現代では文字や言葉を使わなくても、お互いの心と心で会話するということに使われることが多くあります。

この言葉から抽出すべきことは、「信頼」というものです。私はこの**「信頼」こそ、「よろしく」が指し示すものだと思うのです。**

「よろしく」とは、自分への便宜を図ることだけをお願いする一方通行ではなく、相手への便宜も図る対面通行でなければ成り立ちません。

さもなければ、それはただの強要になってしまいます。

よい例が、「よろしくお願いします」と言えば、「こちらこそ、よろしくお願いします」という返答がある場合です。

お互いの「信頼」があって成り立つのが、本来の「よろしく」という言葉なのではないでしょうか。

相手のことまで考えて口にしていなかった私自身を反省します。多くの方と心から「よろしく」という言葉を交わすことができるように努めていきたいと思います。

WORD 06

お疲れさま

いつでも「お疲れさま」

歩いていて知り合いの方とすれ違ったりしたときに、つい口にしてしまう言葉のひとつとして、「お疲れさま」があると思います。これは本来、相手の労苦をねぎらう意味で用いる言葉です。しかし、今日では「おはようございます」「こんちには」の代わりとして、**あいさつのように使われているよ**うな気がします。

これは私が学生時代の話ですが、同期の友人やサークルの先輩や後輩に会うと、朝であろうと夕方であろうと、「お疲れ〜」「お疲れさまです」を口にしていました。

このような会話に馴染めていなかった大学入学当時は、朝から「お疲れさま」と言われても、まだ何もしていないし、疲れていないので、どう返事をすればいいのかわからず、内心困惑したことを覚えています。

しかし、慣れというのは怖いもので、気が付けばそれが**大人のあいさつかのように錯覚し、私はどこでも、誰に対してでも「お疲れさま」を口にするようになっていました**。

この調子でアメリカへ留学したものですから、やはりアメリカでも同期の友人や先輩とすれ違ったりすると「お疲れ～」という言葉を伝えなければと思い、英語に訳そうとしたとき、改めて「お疲れさま」をあいさつとする会話に馴染めていなかった頃の感覚を覚えました。

「お疲れさま」を英語に直訳すれば、「You did a good job!」「Well done!」「It

was great!」などになります。これは何か仕事などをした相手にねぎらいの気持ちを伝える意味での「お疲れさま」です。

これを朝に出会った方にいきなり言っても、明らかに不自然です。

そこで私は再び困惑してしまったのですが、それでも気持ち的に何か相手に言葉を掛けたいという思いが滞っていて、英会話やアメリカでの生活に慣れるまではすっきりしない気持ちで過ごしていたのをよく覚えています。

「お疲れさま」の二つの意味

冒頭でも触れましたが、「お疲れさま」は、本来相手の労苦をねぎらう意味で用いる言葉です。しかし、私たちが使っている「お疲れさま」は、はたしてねぎらいの意味だけで使用しているかといえば、恐らく首を縦に振る方は少ないと思います。

もはやその意味も複雑になっているので考えることすら放棄しがちですが、

私たちは大きく分けて**二つの意味で「お疲れさま」という言葉を使っている**のです。

ひとつは、言葉の漢字から感じ取れるように、**相手の「仕事」の苦労をねぎらう意味**です。大変な「仕事」、大きな「仕事」をやりきった同僚や仲間にかける「お疲れさま」があてはまります。

もうひとつは、「あいさつ」です。実は、この「あいさつ」がとても複雑なのです。それは「おはようございます」「こんにちは」「こんばんは」の意味をはじめ、「やあ!」「元気?」「調子はどう?」というようなカジュアルな語りかけの意味をも含むからです。

ここに私たちの頭を混乱させる原因があるのです。

試しに英語にしてみると、「Good morning.」「Hello.」「Good evening.」

「Hi!」「How are you?」「How's it going?」という感じになります。「お疲れさま」には多様な意味があるということを認識していなければ、英会話は不自然なものとなってしまいます。

しかし、逆に考えてみると、この「お疲れさま」の意味の多様性をきちんと把握していれば、英語でも私たちがついつい口にしてしまう「お疲れさま」の「気持ち」を伝えることができるということになります。

ここで考えたいことは、**なぜ私たちは日頃ついつい「お疲れさま」を口にしてしまうのか**ということです。

例えば、同僚や仲間とすれちがったときなど、別に何も言わなくてもよいところを、言葉を発してしまうのはなぜなのでしょうか。

むしろ、何か言葉を発しないと気まずいように感じてしまうことはないでしょうか。

少なくとも私はそう感じてしまい、「お疲れさまです」という言葉を口にしたり、何も言わなくても会釈をしたりします。

「お疲れさま」を口にしてしまう心

では、なぜそのような感覚を持ってしまうのでしょうか。**そこには、日本の「和」を大切にする精神が流れている**と私は思うのです。

この「和」というのは、国外に日本文化を説明する際に使用される代表的な表現の一つです。「和」とは、辞書によると「仲よくすること」「互いに相手を大切にし、協力し合う関係にあること」「調和のとれていること」を意味するようです。

この中でも、特に私は**「調和のとれていること」**という意味に注目したいと思います。物事や性質の異なるものが、不自然な形ではなく一緒に溶け合っている様子が想像できますし、これは日常生活の至るところで見られると思います。

例えば、田園風景の中に流れる川でゆっくり回る水車、お寺の境内を彩る紅葉など、まさに調和のとれている様子なのではないでしょうか。

では、これを人と人との関係の中で考えてみましょう。**人間関係における調和とは一体どのようなことでしょうか？**

物事も人間も基本的には性質の異なるものであるという点は共通しています。

しかし、**人間の心ほど変化が著しく不安定なものはありません。**そういう意味では非常に調和が難しいとも言えます。ここに物事と人間の大きな違いがあります。

ここで大事なのが、「相手を思いやる気持ち」です。

相手を気遣いながら自分の我を抑制することが、人間関係における調和です。これが自分ひとりだけの一方通行であれば、ただ損をしてしまうことになってしまいますが、相手も同じように気を遣ってくれているからこそ、**喧嘩などをすることなく、コミュニケーションというものが成立するのです。**

ひいては、**これが自然と成り立っているのが日本文化なのです。**

これに通ずる仏教用語に「和顔愛語《わげんあいご》」というものがあります。これは誰もができる仏教の実践行のひとつで、相手に対して和やかな顔で、愛のある優しい言葉をかけることを意味します。ひと言でいうなら、「思いやり」ということになるでしょう。

何も言わなくてもいいところで、「お疲れさま」だけではなく、何か言葉を口にしたり、会釈などの行動を取ってしまうのは、実は相手を気遣い、コミュニケーションを大事にしようとする、仏教の思想にも通ずる「相手への思いやり」の精神の表れといえるのです。

そう考えると、**改めて日本文化の「和」の温かさを感じませんか？**

しかし、「お疲れさま」という日本語は、あくまでも苦労のねぎらいの言葉です。私自身も思いやりの精神を大切にしながら、朝・昼・晩という時期やその場の状況に相応する丁寧な「あいさつ」を心がけていきたいと思います。

第2章

何気なく使う言葉に含まれる「和」の心

WORD

07

失礼します

習慣としての言葉

少し改まった部屋や場所に入るとき、**自然と口から出る言葉に「失礼します」があると思います。**多くの方が、子供の頃、小学校や中学校などで職員室などに入るときには必ず「失礼します」と言うように教わったのではないでしょうか。

その延長で、日常生活でも職場の上司がいる個室、訪問先で会議室などに通されるときなど、「失礼します」を口にすることが多いと思います。

私の場合、「失礼します」と口にすることを家で厳しくしつけられていました。実家がお寺ということもありますが、本堂やお仏壇がある部屋に入るときは必ず「失礼します」と言ってお辞儀をするのがルールでした。

この習慣は、アメリカで生活しているときも抜けることはありませんでした。例えば、アメリカでは大学の教授の研究室に入るときなど、通常はドアをノックして開け、フランクに「Hello, how are you?」（こんにちは。ご機嫌いかがですか？）や「May I come in?」（入っても宜しいでしょうか？）と声をかけ、教授から「Please come in.」（どうぞ！）と返答があってから入室します。

しかし、私の場合はどうしても「失礼します」のひと言とお辞儀の習慣が先行し、英語で「Hello, how are you?」と言いながらも気持ちは「失礼します」でお辞儀をしていました。

最初は私の習慣に戸惑い、もっと気軽にして、アメリカのスタイルを学ぶことをすすめてくれていたアメリカ人の教授も、私が卒業する頃には私がお辞儀をして部屋に入ると、お辞儀を返してくれるようになり、**私はあえて日本語で「失礼します」と言ってドアをノックするようにしていました。**

教授曰く、誰が部屋をノックしたのかすぐにわかって便利だったそうです。

いろいろな意味

「失礼します」という言葉は、**一見簡単に英語に訳せそうに見えますが、実はそう簡単には訳せない言葉です。**

和英辞典で調べてみると、英語では「Excuse me.」と表記されています。しかし、この英訳で私たちが使う「失礼します」の意味が表現されているかといえば、首を縦に振ることはできないと思います。

「失礼します」は、使う場面によって意味が変化し、その都度英訳も変容するのです。

例えば、職場で上司や同僚より先に帰宅する際に「失礼します」と言いますし、上司が誰かと会話をしている中、言付《ことづ》けのために割り込まなければならないときも「失礼します」と言うと思います。このように、**同じ「失礼します」でも意味は異なってくるのです。**

ここで「失礼します」の意味を整理してみたいと思います。「失礼します」の「失礼」には大まかに次の三つの意味があります。

①「他人に接する際の心得をわきまえていないこと」（Rude）
②「他人のもとを立ち去ることのていねいな言い方」（See you）
③「軽く謝ること」（Excuse me）

私たちはこれらの三つの意味をシチュエーションに応じて文章に組み込んで使っているのです。

しかし、実際よく考えてみると、部屋に入るだけで「誰に何の迷惑をかけ、何を邪魔しているのか」と疑問を持つ方も多いと思います。

この疑問は、「失礼」の「失」の意味を知ることで明確になります。**「失」とは「何かを失うこと」を意味しますが、**実はこれには「うっかり」「不注意」という意味合いも含まれているのです。つまり、「故意」に「何かを失う」のではなく、**「うっかり失う」ことなのです。**

これは「失」という漢字が、「手から物がそれる」という形から成り立っていることに由来します。

つまり、「失礼します」とは、ときとして、わざとではなく、無意識に部屋の中にいる人、そこにある物などに対して迷惑をかけたり、何かの邪魔をしてしまうかもしれないというこの**無礼をお許し下さいという意味なのです。**

目に見えない「はたらきかけ」への気配り

実際、私たちは直接目には見えないだけで、**さまざまな場面でいろいろなことに支えられて「生かされて」います。**しかし、このことになかなか気が付くことができず、**すべてを当たり前だと錯覚し、感謝の心を持った生活をされている方は少ない**のではないでしょうか。

目に見えない「はたらきかけ」を気遣う精神が、「失礼します」という言葉に流れているのです。そして、その精神がお辞儀という人の頭を下げる行為に結びついているのかもしれません。

WORD
08
すみません

「すみません」で会話

ある日、法事のために、私の自坊のとある門徒さん（浄土真宗を信仰する方々。ちなみに、その他の仏教宗派の信者さんは一般的には檀家さんと呼ばれます）の家を訪問しました。

約束の時間通りに到着し、インターホンのボタンを何度か押しても何の反応もないので、玄関のドア越しに大きな声で呼びかけた言葉が**「すみませ〜ん」**でした。

すると、家の中からご門徒さんが慌てて出てこられて、**「すみません、イ**

ンターホンが壊れていて」と仰いました。

すると、私は笑顔で**「そうだったのですね。すみません、お邪魔します」**と家にあがり、ご門徒さんは**「すみません、どうぞ」**と家の中に案内して下さいました。お気付きでしょうか。ちょっとした会話の中で、**四回の「すみません」**のキャッチボールをしているのです。

日常生活において、多くの日本人が**最もよく使う言葉のひとつ**に、「すみません」があると思います。

これをただ普通に英訳すると「I am sorry.」となり、「ごめんなさい」という謝罪の意味となります。

しかし、この会話中の四回の「すみません」が、すべてこの謝罪の「I am sorry.」という英訳になるかというと、首を傾げる方が多いのではないでしょうか。

実は、私たちが使う日本語の**「すみません」には、複数の意味がある**のです。私たちは状況によって、その複数の意味を自然と使い分けています。

このことをきちんと踏まえずに、日本語の感覚で英語を話してしまうと、会話中に「I am sorry.」を連発することになってしまい、西洋人になぜそんなに会話中に謝るのか不思議がられることでしょう。

これは、まさに私が渡米したばかりの頃の姿です（笑）。

「すみません」を三つの英語にすると

それでは、私たちは「すみません」という言葉を、どのように使い分けているのか整理してみたいと思います。

先に結論を言うと、私たちは状況に応じて**「謝罪」「感謝」「依頼（呼びかけ）」という三種類の意味の「すみません」**を使い分けています。

この三種類の意味を明確にするために、まず「すみません」という言葉の語源を考えてみたいと思います。

「すみません」という言葉を解体すると、「すみ」「ませ」「ん」という三つに分解できます。「すみ」は、動詞「済む」の連用形、「ませ」は丁寧語の助動詞「ます」の未然形、「ん」はこれらを打ち消す助動詞「ぬ」の変化形の語です。

「済む」には「物事が完了する」「仕事が終了する」という意味があります。しかし、「済む」の同源に「澄む」というものがあり、これは「心配や邪念がなく、心がすっきりする」という意味を持つようです。

この二つの意味を合わせると、「すみません」は、仕事を終了させることができなかったり、約束事を守れなかったとき、申し訳なくて「自分の気持ちがおさまらない」という**「謝罪」の意味**になります。

これが三種類のうちの**第一の意味**です。これは英語で「I am sorry.」と表現しても問題ないように思います。

そして、**第二の意味は、「感謝」の意味**です。これは、相手から何かをいただいたときや、何かをしていただいたとき、その有り難さに対して申し訳ないことに何もお返しができず、「自分の気持ちがおさまらない」という深い「感謝」の意味になります。これを英語にすると、「Thank you.」となります。

さらに**第三の「依頼（呼びかけ）」の意味**は、「謝罪」と「感謝」の意味も幾分か含んでいます。よく考えてみると、私たちが相手に何かを依頼するとき、それは相手に何かしらの負担をかけることになるのです。

私たちはそれを無意識にも認識し、**そこから申し訳ないという「謝罪」と「感謝」の思いが心に生じ、「すみません」という言葉を使うのです。**

また、前を歩いている人を呼び止めるときでも、深く考えてみると、その人の行為を中断させ、こちらに振り向かせるという負担をかけていることになります。

ですから、「(邪魔して) すみません」と言って声をかけるのです。これは「Excuse me.」という英語で表現できるでしょう。

このように、**英語にすれば三つの表現になる言葉を、日本語では「すみません」のひと言でまとめているのです。**このことを整理していなければ、「すみません」を正確に英語には訳せないでしょう。

しかし、それでも日本語では不自然さを感じることなく会話ができてしまうところに、**相手を大切に考え、相手を理解しようとする日本人のおくゆかしさを感じます。**

●三つの「すみません」の基盤

ここまでは「すみません」に含まれる三つの意味を整理しましたが、**実はその三つの意味に通じる基盤となる思いがあります。それが、「申し訳ない」という思いです。**しかし、これは単に他人に迷惑をかけてしまうというような外側に向く反省ではなく、その迷惑をさせてしまう自分自身という内側に向く内省です。**つまり、自責の念です。**

これは、物事や結果の原因を他者に求めない「仏教の教え」に通じるものがあります。仏教には**「自灯明《じとうみょう》」「法灯明《ほうとうみょう》」**という教えがあります。これらは仏教の開祖として知られるお釈迦さま（釈尊ともいう）が亡くなる前に、お弟子さんたちに贈った言葉とされています。

お弟子さんたちは師匠であるお釈迦さまの命があとわずかと知り、お釈迦さまが亡くなった後、何を生きがいにすべきなのか問いました。

その問いに対してお釈迦さまがお答えになったのが、「人に頼るのではなく、自らをよりどころにしなさい（自灯明）」「法（真実の教え）をよりどころにしなさい（法灯明）」という教えでした。

これは、**苦しみ（満足できない心）や困難があったとしても、むやみに他人を頼ったり、他者に問題の責任転嫁をしてはならない、という意味です。**「苦しみの原因も、またその解決も、自分の中にある」と説くのが仏教の教えです。

私はこの教えが「申し訳ない」という思いそのものであり、**結果的には「すみません」という言葉の精神であると思うのです。**

昔、学生時代にルース・ベネディクト著の『菊と刀』を読んでいて、西洋的な観点から見ると、**日本は「恥」を大事にする文化**だと書かれている一文を目にしました。そのときは、あまりその表現や意味が自分の中でしっくりこず、深く考えることもしませんでした。

しかし、自責の念をもって、自分の不甲斐なさから他者に負担を与えてしまうことに対して申し訳なく、気持ちがおさまらないということを「恥」とすれば、やはり日本は「恥」を大事にする文化なのかもしれない。そう改めて考えさせられました。

WORD 09

しょうがない

表現の違い

これは、自分や他者に言い聞かせる言葉の一つだと思います。私自身、自分の決断や物事をあきらめるとき、友人や知人の決断や状況に同調したり、慰めたりするときなど、**さまざまな場面で口にする言葉**です。

この「しょうがない」という言葉は、通常は英語では「It can't be helped.」と表現されます。直訳すると、「それは、助けられない／避けることができない」という意味になります。

これは日本語の「しょうがない」の対訳としてもよく知られる英語の表現

で、私もよく使ったフレーズです。**しかし、あるときふと気が付いたことがありました。**

それは、ネイティブの人々はめったに「It can't be helped.」というフレーズを口にしないということでした。

私なら「It can't be helped.」と口にするタイミングで、ネイティブの方は、「That's life.」（それが人生だ）、「That's the way it goes.」（そうなるようになっているんだ）という表現を使っていました。

共に何かを「あきらめる／あきらめさせる」という意味には変わりないのですが、どうも私が意図する「しょうがない」とネイティブの方々が意図する「しょうがない」では、**少しニュアンスに違いがある**ように思えました。

それではこの違いとは何なのでしょうか。

●ニュアンスの違い

ニュアンスの違いを明確にするために、日本語の「しょうがない」の語源を考えてみます。国語辞典によると、「しょうがない」は元来「仕様がない」と書くそうです。「仕様」とは「手段・方法」を意味します。

つまり、「しょうがない」は「手段・方法がない」という意味から**「あきらめる」という意味になりました。**これは、もう打つ手がなく、自分ではどうすることもできないという境地を感じます。

よって、「It can't be helped.」という「手立てがなく、助けられない／避けられない」という意味を表現する英訳は、日本語の「しょうがない」の意味に合致するように思えます。しかし、これはやはり日本語の観点から英語に翻訳した表現であり、実際の英語では違和感のあるもののようです。

一方、実際にネイティブの方が「しょうがない」という気持ちを英語で表現するときは、「That's life.」「That's the way it goes.」などのフレーズを使います。

よく英語を分析してみると、これは**「誰か」によって定められたというニュアンスを感じます。**その「誰か」とは、おそらくキリスト教の「神」だと推察できます。

つまり、「神」によって運命が定められているのだから、「それが人生だ」「そうなるようになっているんだ」と言い聞かせて、物事をあきらめざるを得ないということになるのだと思います。ここに改めて英語というのは西洋文化・思想の中から生まれた言葉であることを感じます。

この比較によってわかるのは、日本語の「しょうがない」も、ネイティブの方が英語で表現する「しょうがない」も、**結果的には共に「あきらめる」という意味**になることです。しかし、そこに至る過程がそれぞれ異なるということです。ネイティブの方が表現する「しょうがない」という英語の表現は、人に物事を納得させるために何かしらの超越的な存在を用います。**ある意味、強制的なニュアンス**を感じます。

しかし、日本語の「しょうがない」は、もう打つ手がなく、自分ではどうしようもないという、**事実を自然と受け入れる姿勢**を感じます。**このニュアンスの違い**が、私の中で微妙な違和感を生じさせていたのです。

「しょうがない」の背景にあるもの

「あきらめる」という行為に**能動的なニュアンスを持つ**日本語の「しょうがない」という言葉ですが、西洋とは異なるニュアンスを持つ背景には、仏教の教えがあるように思えます。

その教えとは「諦」です。これは通常は「あきらめる」と読み、意味は今日では「give up」（おてあげ）として使われています。しかし、仏教ではこれを「たい」と読み、「さとり」「真実」を意味します。（「明らめる」と読み、「明らかになる」という意味も持ちます）

では、その「さとり」「真実」は何かというと、それは**「物事は思い通りにならない」**ということです。

物事は常に変化し、その自然な流れを思うようにコントロールしたり、逆らうことはできません。この真実の理解が、「しょうがない」という言葉に含まれる「あきらめる」という行為に能動的なニュアンスを生んだのだと思うのです。

これらすべてを踏まえたうえで、西洋の方々にも理解してもらえる表現として日本語の「しょうがない」を英語にするとき、「Let it go.」（そのままで）、「Become to be.」（なるようになる）という表現ができるかもしれません。

しかし、これらもさまざまな意味や過程を集約したものであり、理解されるかは、別の問題かもしれません。

この言葉を深く考えることで、**物事の流れに逆らわない自然な姿勢を大切にすること**は、楽に生きていく方法の一つだと改めて学びました。

WORD 10

せっかく

何気ない副詞

先日、仕事のクライアントさんと会うために六本木へ向かっていると、地下鉄の中でふと楽しそうな声で話す英語が耳に入って聞きました。会話をしていたのは、二十歳前後の日本人らしき青年と、西洋人の女性のカップルでした。

その青年はネイティブのように流暢《りゅうちょう》に英語をお話しされていたので、おそらく生まれ育ちが外国か、帰国子女だったのではないかと思います。

二人の会話は、日本人と西洋人の顔立ちの違いや整形の話題を通して、お互いの容姿を褒め合うというおもしろい内容ではありました。

しかし私は特に興味があるわけではなかったので、目を瞑《つむ》って少し寝ようと思ったとき、**急に「せっかく」という日本語が英会話の中に出てきました。**

日本人の容姿を羨《うらや》み、整形しようかなと呟く西洋人の女性に、日本人の青年は、「*Sekkaku*, you have such a beautiful face, there's no need for cosmetic surgery.」（せっかくきれいな顔なんだから、整形する必要ないよ）と声をかけたのです。

すると、西洋人の女性はすかさず、「What does "*Sekkaku*" mean?」**（「せっかく」ってどういう意味？）**と聞き返しました。

内心、私もまったく同じ質問をしたいと思いました。「せっかく」を英語でどのように表現するのか、興味があったからです。

そして、日本人の青年は「せっかく」の意味を英語で説明しようと試みようと、いくつか英単語を挙げますが、どうも上手く説明できません。なかなかこれだというものが見つからず困った様子でした。

そうこうするうちに、電車が私の下車する駅に着いたので、その後彼がどのように説明したかはわかりませんでした。しかし、駅に着いてから、私だったらどのように説明しただろうかと考えてみました。

最初に思いついた英単語が「originally」（もともと）でした。しかし、何となく違和感がありました。

もっと過去との深い結び付きなどがあって、その結果として有り難いことに「今」がある、というような表現はないものか考えてみたのですが、いっこうに納得できる英訳が思いつきません。

そして、**そもそも自分の「せっかく」の日本語の解釈が正しいのか疑わし**

く思えてきました。なぜなら、その言葉を使う状況によっては、言葉の意味が変わってしまうからです。**一見、簡単に英訳できそうな言葉なのですが、実は非常に訳し難い言葉だったことに気が付きました。**

●「せっかく」を英語にすると

「せっかく」を英訳する前に、この言葉の日本語の意味を整理してみたいと思います。

「せっかく」は副詞で、国語辞典によれば主に次の三つの意味があります。

一つ目は、「無理や苦労して」という意味です。

二つ目は、漢字で「折角」と書き、**滅多に得難い、恵まれた状況を大切に思う気持ち**を表します。

三つ目は、あまり見慣れないかもしれませんが、古い使い方で、**全力を傾**

けて物事をするさまを意味することもあります。これは手紙文などで用いられます。

例えば、「せっかく勉学に励みます」「せっかく協力を願いたい」などがあります。

これらの意味を頭で整理し把握しておかないと、意味がごっちゃ混ぜになってしまい、英訳も難しくなります。

整理したうえで英訳していくと、**一つ目の「せっかく」の意味は、**「eagerly」（切に）、「at great pains」（無理をするさま）、「earnestly」（熱心に）などと英語で表現できるでしょう。頑張って物事に取り組む状況が英単語からも感じとれます。

二つ目の「せっかく」の意味は、「rare」（滅多にない）、「valuable」（価値ある）、「precious」（貴重な）、「fortunately」（幸運なことに）などが当てはまると思います。

場合によっては、「since」（～なので）という言葉の後に理由を述べることで「恵まれた状況」という意味を強調することも可能だと思います。

ちなみに、日本人の青年と西洋人の女性との会話で使われていた「せっかく」の意味は、この二つの目の意味になります。

三つ目の「せっかく」の意味は、「especially」（ことさらに）、「specially」（特別に）、「particularly」（特に）などと表現できるでしょう。これらの英単語は、どれも一つに集中するという意味を含み、適切な対訳に感じられます。

「せっかく」の重み

しかし、**どうも気になるのが、二つ目の英訳です。**間違いではないと思うのですが、この「滅多に得難く、恵まれた状況を大切に思う気持ち」は、英単語一つではとても表現しきれないと思うのです。

仏教的観点からみれば、この気持ちは「縁起」という「物事はさまざまな偶然と偶然の事象がつながりあって成り立っている」という思想を基本とする、現実理解の表れだと考えられます。

人間の推測や計算をはるかに超えた何かのはたらきかけで存在する現実は、不可思議（思議・考えめぐらすことができない）でしかありません。

例えば、「今」というこの時間も、無数の事象のつながりで成り立っています。そして、さらに掘り下げれば、私たちがこの世に生を受けたということも、思慮をはるかに超える無数の事象のつながりがあって存在します。

そして、その無数にある事象の一つでも欠けてしまえば、私たちの「いのち」も「今」という時間もないのです。

そう考えてみると、本当に**すべての物事は当たり前ではない**と、改めて気付かされます。しかし、ここで問題なのは、その事象に自分の物差しや都合で、善し悪しを判断してしまう**私たちのエゴ**です。基本的に**事象自体には善いも悪いもない**のです。

これらを踏まえると、二つ目の意味の「せっかく」の説明は必然的に長くなり、その英訳の表現も多様になりますが、私の独自の英訳では「Being provided by an incomprehensible power/working.」（思慮できない「力／はたらき」によって与えられた）と表現したいと思います。

こうして見つめ直してみると、**私たちの日常生活の中は「せっかく」だらけです。**

しかし、物が溢れ、私財があれば何でも簡単に物事ができるようになってしまった今日、私自身、感覚が麻痺し、その**「せっかく」の意味を通した感謝の気持ちを忘れてしまうことがあります。**

正常な感覚を取り戻すためにも、物事の表には現れない、その背後にあるものに意識を向けられる目を養っていきたいと思います。

「せっかく」は、日本人が深い感謝の気持ちを表す言葉の一つなのかもしれません。

WORD 11

大丈夫

とっさの言葉

アメリカ留学中の話です。すべての大学院のカリキュラムを終え、卒業論文も提出し、卒業式を迎えるのもあと数日というルンルン気分で生活していたある日、大失態を犯してしまいました。

その日の夜、友人とレストランでの夕食を終え、雑談をしながら帰宅していました。その日は肌寒く、私はポケットに両手を入れて歩いていました。

すると、ちょっとした不注意で私は躓《つまず》いてしまい、大転倒しました。

実は、転ぶ瞬間、ポケットに入れていた両手を取り出して地面に手を着けばよかったのですが、右手だけ袖のボタンがポケットに引っかかって取り出せず、結果的に地面に額をぶつけ、額のど真ん中を擦り剥き、首はむち打ちになってしまいました。

そんな私の倒れた姿を見て、友人はすかさず私にかけ寄り、**「Are you okay?」（大丈夫？）**と声をかけながら立ち上がらせてくれました。私も**「I'm fine.」（大丈夫）**と、とっさに返答しましたが、内心はまったく「大丈夫」ではありませんでした。

この話ほど大ごとではないにしろ、**多くの人が「大丈夫」ではなくても「大丈夫」と口にしたり、「大丈夫」そうに見えない状態であっても「大丈夫？」とつい声をかけてしまうことがあるのではないでしょうか。**

たまに耳にするのが、「大丈夫」か「大丈夫ではない」かは、見ればわかるから様子から察して欲しいという声です。しかし、実際、急に人が倒れたりした場合、「大丈夫ではない」状態に見えても、よほど常日頃から意識していない限り、**「大丈夫ですか？」というほかに、かける言葉はとっさには出てこない**と思うのです。

二つの「大丈夫」の意味

「大丈夫」は、主に疑問と回答の二つの方法で「あぶなげがなく安心できるさま」「強くてしっかりしているさま」「まちがいがなくて確かなさま」などの意味として使用されています。

しかし、この語源を調べてみると、異なる意味を知ることになります。

「大丈夫」は、「丈夫」という言葉に「大」が付いたものです。「丈夫」という言葉はもともと中国では、成人男性を意味し、立派で頑丈そうな成人男性を「大丈夫」と呼んでいたそうです。

実は、日本語の「大丈夫」には**「だいじょうふ」**と**「だいじょうぶ」**の二つの発音があり、それぞれ意味が異なります。国語辞典で調べてみると、前者は「丈夫（成人男性）の美称」「立派な男子」「ますらお」（益荒男：「立派な男性」の意味）とあります。そして、後者は「安心できるさま」「確かなさま」とあります。

時間の経過と共に、前者の「だいじょうふ」という濁点のない「大丈夫」は使われなくなり、**後者の「大丈夫」が今日の意味である「安心」「確か」を意味する言葉として定着**するようになったようです。こうしてみると、もともとの意味とはかなり異なることが分かります。

その違いは英語にすると、さらに明確になります。もともとの「大丈夫」は「Great man.」（立派な男性）という名詞となり、今日の「大丈夫」の意味は形容詞や副詞としての言葉となり「I am fine.」（元気です）、「I am okay.」（平気です）、「No problem.」（問題ありません）のように表現されます。

「大丈夫」の原点

実は、中国で立派な成人男性を意味していた「大丈夫」にはさらに深い由来があります。それは、元来この「大丈夫」は仏教用語で、「菩薩《ぼさつ》」のことを意味するということです（実際、『総合佛教大辞典』によれば、「大丈夫」とは、「福を修し悲（苦を抜くこと）を修し智を修する」ものと記されています）。「菩薩」とは悟りを得ることを目指し、すべての生きるものを救うために多くの修行を重ねる者のことです。

「大丈夫」は、「菩薩」の呼び名の一つだったのです。仏教用語の語源となっているサンスクリット語（古代インドの文章語）では、「大丈夫」は「マハー・プルシャ」と言います。

「マハー」は「偉大な」「大きな」という意味で、「大丈夫」の「大」にあたります。「プルシャ」は、「人間」「男性」を意味し「丈夫」にあたります。つまり、「マハー・プルシャ」は「偉大な人間・男性」を意味し、**これが転じて「菩薩」を連想するようになったのです。**

現代の「大丈夫」の意味とはかなり違いますが、ここで私が思うことは、「安心できるさま」「確かなさま」の意味が、仏道を歩む人の姿から連想されて新たに生まれたということは感慨深いということです。

物事は常に移り変わり、何一つとして確かなものはない現実の中でも、生きるものすべてを救うために悟りを得ようと、さまざま修行に励む菩薩の姿に安心感や確かさを求める人々の思いが、「大丈夫」という言葉には込められているのです。

これらの意味をすべて踏まえ、私なりに解釈し「大丈夫」を英訳するならば、「The Buddhist path is the only one that we can rely on.」（仏道が唯一、私たちの拠りどころとなるものである）となります。改めて自分自身の気を引き締めたいと思います。

WORD 12

どついしょ

響きのことば

昨年、仕事でアメリカへ行ったとき、今では兄弟のような付き合いをしている友人の家族とレストランで食事をする機会がありました。

友人は日系四世で、見た目は日本人のようですが、ちょっとした日本語の単語は知っていても、会話は全くできません。しかし、自身のルーツである日本の文化や伝統を大切にしています。そんな友人には日系五世になるキャムデン（Camden）君という一歳半の息子がおり、食事には奥さんと一緒に連れてきてくれました。

レストランに入るとキャムデン君はベビーチェアにちょこんと座り、私たちの会話を眺めていました。そんな中、私がキャムデン君を抱っこしようと、ベビーチェアに座っている彼の両脇に手を添えて**「どっこいしょ」という掛け声と共に持ち上げ**自分の体に引き寄せると、大きな声で**「どっこいしょ～」という言葉が返ってきました。**私は驚きと共に、その可愛さに思わず笑ってしまいました。

どうもキャムデン君のおばあちゃんが足に力を入れて立つときは「どっこいしょ～」と口にすることを教えていたそうです。そのおばあちゃんは日系三世になりますが、友人と同じように日本語は話しません。

しかし、日系二世の両親から教わった口癖などは使われるらしく、それをキャムデン君が意味は分からないまま耳で聞いて学んだそうです。**こうして大切な心のようなものが継承されていくのだということに、何か暖かいものを感じました。**

そんな中、友人からそもそも「どっこいしょ」とはどのような意味なのか尋ねられました。私はとっさに、何か行動をする前に自身に投げかける掛け声のようなもので、英語でいう「oof」（「ウーフ」と発音）みたいな感じだと回答しました。

しかし、よく考えてみれば、私はこの言葉を深く考えたことも意識したこともありませんでした。**当然のように響きとしてのみこの言葉を使っている**ことに気が付き、この言葉のルーツを調べてみると、その奥深い意味を知ることになりました。

「どっこいしょ」の意味

「どっこいしょ」は、「感動」「呼びかけ」「応答」などを表し、**単独で文と**

なる感動詞という日本語の部類に属します。感動詞には、「おや」「もしもし」「はい」のようなものがありますが、その中でも力を入れるとき、または疲れた身体を動かすときに発するかけ声としての言葉が「どっこいしょ」です。

「どっこいしょ」は、**英語ではさまざまな表現があります。**

例えば、「Well, here it goes.」や「ハイホー、ハイホー」という歌でお馴染みの「heigh-hoh」「heave-ho」などがあり、どれも重いものを持ち上げるときや頑張って仕事をするときなどにポロっと口からでたり、自分自身を励ます掛け声です。

英語からもわかるように、「どっこいしょ」という言葉は、何かを意味する言葉ではなく、**掛け声として認識されています。**しかし、**「どっこいしょ」そのものの言葉の意味は**どのようなものなのでしょうか。

これは「どっこいしょ」の語源を知ることによって明らかになります。

音の響きを支える教え

実は「どっこいしょ」という言葉は、**仏教用語の「六根清浄《ろっこんしょうじょう》」に由来**しています。「六根」とは、目（視覚）、耳（聴覚）、鼻（嗅覚）、舌（味覚）、身（触覚）、意（思惟：考えること）の六つの人間の能力のことを指し、その「六根」という自分の経験や価値判断《ものさし》によって生み出される幻想によって迷う心や煩悩を捨てて、身を清らかにすることを「六根清浄」といいます。

では一体これがどのように「どっこいしょ」と繋がっているかというと、それは山登りです。富士山、白山、立山などの霊山と呼ばれる神聖視され崇拝の対象となっている各地の山で、白衣を纏った方々が杖（金剛杖）を持ち、「六根清浄」と唱えながら、山登りや岩登りをしたり、滝に打たれるなど、修行に励まれている姿を見たことはないでしょうか。

この方々は、俗世間から離れ、「六根」からの迷いを断とうとされているのです。この「六根清浄」という言葉は、山登りが一般化される中で主に山岳の修行者や山登りを行う人たちによく使われるようになり、繰り返し唱えられる中で、**「ろっこんしょうじょう」の響きがなまって「どっこいしょ」へと変化したと考えられています。**

そして、日常生活の会話にも取り入れられるようになり、今日の何か力を入れて体を動かすときに発するかけ声となったのです。

しかし、**もともとの「どっこいしょ」の意味には、幻想に振り回され悩む必要もないことで悩んでいる自分自身の姿を振り返ることを促す仏教の教えが流れている**というのは本当に驚くべきことです。

この意味を考慮した場合、「どっこいしょ」は英語では「Purify the contaminated views.」（よごれた視点をきれいにしよう）や「Don't be bothered by any delusion.」（幻想に悩まされるな）というように表現できるのかもしれません。

次回「どっこいしょ」と口にするとき、**内面を確認する自分自身への問いかけ**として意識してみてはいかがでしょうか。

Column

日本語の会話を成り立たせる高等技術

アメリカ留学中、まったく日本語を使わない生活が長く続くことがありました。そんなとき、私の通う大学院の集中講義の講師として日本から大学教授がお見えになられました。

実は、その方は私が日本の大学でお世話になった方でした。ご高齢で英語も話されないということもあり、光栄なことに私がアメリカ滞在中の身の周りのお世話をさせていただくことになりました。

その教授がアメリカに到着された日、私の大学院関係者主催の歓迎会が開催されました。私は通訳のため、教授の横に座って食事をいただきながら、必要に応じて教授の日本語を英語にしたり、話しかけられる英語を日本語にしていました。そして、ある程度、落ち

Column

ついたときのことでした。教授から、「カイチョウですか?」と尋ねられました。

私は、一瞬止まって、「はい、飲み会のカイチョウです」と応えました。すると、教授は硬直した直後に大笑いし、伝えたかったのは、私が示唆した「カイチョウ(会長)」ではなく、研究の進み具合は「快調」なのかと尋ねたのだということを説明され、私は顔を真っ赤にしたのを覚えています。

大げさではなく、本当にしばらく日本語を使っていなかったということもあり、「カイチョウ」という言葉が本当にただ音の響きにしか聞こえず、一体教授が何を言おうとしていたのか分からず戸惑ってしまった一瞬でした。

また、別のとき、教授にコーヒーを入れたので、ミルクを入れるかどうか尋ねたところ、「いいです」と仰いました。私は、この「いいです」を「Ok」の意味で解釈し、ミルクを入れてコーヒーを渡しました。教授は御礼を言ってコーヒーを受け取られたのですが、何故か首を傾げておられました。後から聞くと、乳製品にアレルギーをお持ちだったようです。教授が仰った「いいです」は「必要ない」の意味だったのです。しかし、せっかく作ってもらったコーヒーを捨てるのは申し訳ないと思い、お飲みになったそうです。このときは、本当に反省しました。

これらはごく一例ですが、同じようなことが何度かありました。そこで思ったのが、日頃から日本語の独特な間の取り方や、同じ言葉でもさまざまな状況やイントネーションで異なるニュアンスや意味を持つ日本語の文化に慣れていなければ、日本語の会話は成り立

Column

たないということです。

日本語は、こと細かに表現したり説明する英語や他の西洋言語とは異なり、会話では主語を省くことや曖昧な表現が多いことが特徴です。その結果、日本語での会話には、その場の雰囲気、相手の声のトーン、発言のタイミング、表情など、目に見えるもの・見えないものを含め、さまざまな情報を察知するという高等技術が必要になります。

私たちは、普段当たり前のように日本語で会話をしていますが、実はこの高等な技術を無意識に駆使しているのです。こうして見てみると、日本語の会話というのは、周囲への気配りがあって成り立つとも言えます。そんな日本語の会話に温かみと優しさを感じると共に、改めて日本語の深さと凄さを感じます。

そして、このような日本語を生んだ日本という国もまた、素晴らしいと思わずにはいられません。きっと、日本ならではの産物は、言語だけではなく探せば他にも数多くあるはずです。せっかくご縁あって生まれ育ったこの国と、今後も深く向き合っていきたいものです。

第3章

日本人の心に根ざした言葉

WORD
13
ご縁

口癖になった「ご縁」という言葉

普段、ふと口にする日本語の一つに、「ご縁」というものがあります。
例えば、「これもご縁ですね～」「この度は、大変素晴らしいご縁をいただきました」「あの人やあの場所には何かとご縁がありまして」「またご縁があるとよいですね」など、**誰もがさまざまな場面で使用している**のではないでしょうか。

実は、私はこの「ご縁」という言葉を人一倍使います。これは、私が僧侶であるということが関係していることもありますが、あるときから頻繁に使うようになった気がします。

そのあるときというのは、二十一歳の春です。

当時、私はバックパッカーとしてアメリカ大陸を横断していました。アメリカの西海岸にあるオレゴン州のユージーンという小さな街からスタートし、ユースホステルを利用したり、知人やその知人の友人の家などに泊めていただいたりしながら、約三週間かけて旅をしました。

目的は、当時日本の大学で研究していた分野の第一人者を訪ねること、そして自分自身の今後の目標や生き方などを整理することでした。

旅の最中、さまざまな方に出逢い、学び、今となっては笑い話で済みますが、そのときは本当に危機的な状況に遭遇してしまったりと、もう二度と味わうことができないような素晴らしい経験をたくさんしました。

中でも最も驚くべきことは、旅の終着点であったカリフォルニア州サンフランシスコに到着し、そこからバークレーという街を訪問し、後にアメリカの父として慕うようになった方と出会い、**そこで見学した大学院で自分が勉強することになったことです。**

このような不可思議（思いはかることも、言語でも表現できないこと）な出会いや状況を体験して、本当に有り難いという感謝の思いから、**自然と「ご縁」という言葉が口から溢れ出るようになりました。**

それ以来、私は日常生活の中で、何か有り難い出会い、再会、状況などに直面する度に、この「ご縁」という言葉を使って感謝の気持ちを表すようになりました。

もう、**自分にとっては口癖のようなものです。**

「ご縁」が含むもの

通常、私たちが使う「ご縁」の意味は、出会い、機会、関係などを意味する場合がほとんどです。

そういう意味では、「ご縁」は「meeting」「encountering」「chance」「condition」「relationship」というような英単語を当てはめることができます。

実際、初めてお会いした方との別れ際に「この度は本当によいご縁でした」という気持ちを英語で伝えるときには、よく「It was very nice meeting you!」というひと言と握手を交わします。

これは、英会話の参考書やネイティブの方の実際の会話を見習って、私自身もよく使用する英会話表現の一つです。

しかし、私はこの表現がどうも自分の意図する「ご縁」の英訳として考えたとき、しっくりこないのです。

相手との出会いだけに感謝するのであれば、問題のない表現かもしれません。しかし、私たちが意図する「ご縁」は、ただ出会いや機会そのものを意味するのではないと思うのです。

おそらく、私たちは出会いや機会そのものというより、結果としてそれらをもたらしてくれた不可思議なはたらきかけ、もしくは力を含めて「ご縁」と呼び、感謝をしているはずです。

つまり、出会いや機会を結果として成り立たせている背景をも、大事にしているということです。

ここに表面や結果だけにとらわれるのではなく、背景にある目には見えないものを観るという、**日本の精神文化の深さ**が感じられます。

余談になりますが、そういう意味では、英語にはこのような不可思議なはたらきかけというものを表現する言葉がないのかもしれません。だからこそ、その穴埋めとして「神」というあらゆるものを超越した存在を置き、神の力としてその不可思議な現実を納得させる英語表現にせざるを得ないのでしょう。

その例が、「ご縁」はときとして「Our meeting was fate!」と訳されることがあります。これは「私たちの出会いは（神に定められた）運命によって結ばれていた」というような意味になります。

縁起という教えから生まれた「ご縁」

では、「ご縁」に含まれるその不可思議なはたらきとは、一体何なのでしょうか？

私は、この根底にあるのは**「物事はすべて繋がって成り立っている」**という考え方だと思っています。

これは、仏教でいう「縁起」の教えです。縁起とは「因縁生起《いんねんしょうき》」の略です。物事には因（原因）があり、それに縁が作用して生起（物事／結果が起こること）すると読み解きます。

この場合は英語で考えた方がよりイメージし易いので、英単語で説明します。「縁起」は英語では「Dependent Co-Arising」といいます。

「Dependent」とは、「依存する」という意味です。「Co」とは「同時に」を指し、「Arising」は「起こる（生起する）」の意味です。**つまり、「（物事は）同時に生じること（の作用）に依存して成り立っている」という意味です。**

出会い一つにしても、数えきれない無数の行為を含む事象が関係し合って成り立っています。別の言い方をすると、無数の事象が一つでも欠けていれば、その出会いはまた違ったものになり、極端な言い方をすれば、**その出会い自体が存在していなかったかもしれません。**

実は、今直面している私たちのそれぞれの現状は、無限に広がる生起の重なり合いによって成り立っており、不可思議としか言いようがありません。

これが「ご縁」という言葉の中身です。

「ご縁」という言葉は縁起に由来していますが、本来ならば「縁」だけで充分です。しかし、「縁」の前に「ご」が付くのはなぜか考えたことはあるでしょうか。

普段、私たちは当然のように人と会い、ご飯を食べ、生活していますが、**実はどれ一つとっても不可思議なことであり、当たり前ではない**のです。

無意識にも二度と巡り遇うことができないという感覚がはたらき、有り難い（めったにない）という感謝の気持ちが起こり、「縁」を尊ぶために**「ご」という敬語を付けて「ご縁」というのです。**

私の口癖になっていたこの言葉をからっぽにしないためにも、事象の背景にあるものに目を向け、自分を包んでくれている「ご縁」に感謝することを忘れないようにしたいと思います。

WORD 14

つまらないものですけど

親友からのひと言

私には十年来の親友がいます。実は**彼はアメリカ人です。**名前はスコット（Scott）といいます。

彼と出会ったきっかけは、私がアメリカで生活しているときに、共通の友人の家に食事に招かれたことでした。

人好きで人懐っこい性格の私ですが、実は彼と出会うまでは、昔から本心や自分の悩みなどを本当にさらけ出せる相手というのは誰もいませんでした。私にとって、彼は菩薩さまのような人なのかもしれません（笑）。

私が帰国して数年が過ぎたとき、彼が日本語を勉強し、日本で仕事をするために来日することになりました。アメリカに一緒にいるときから日本に興味を持っていた彼でしたが、会話ができるほどの日本語力はありませんでした。

しかし、スコットは来日するや否や、名古屋の大学で日本語を集中的に学ぶプログラムに参加。そこで約二年間びっしり日本語を勉強しました。

今では夢を叶え、東京でプログラマーとして働いています。

たまに休みがあると、私の実家のある山口県や仕事の拠点としている場所に来ては、私と会って飲み食いしながら時間を過ごしていたのですが、その度に驚かされたのが彼の日本語の上達の早さでした。

みるみるうちに日本語を覚え、会話のスピードやイントネーションが日本

人と変わらないような自然な感じになっていきました。

彼を見ていて、やはり語学を学ぶには、その言語が生まれた場所へ赴《おもむ》き、テキストの勉強だけではなく、その言語が取り巻く環境に身を置くことが大事だと改めて思いました。

特に日本語には、さまざまな日本の精神文化が浸透しています。実際に日本という国に住み、さまざまなものを観て感じなければ、日本語の奥深さはなかなか理解できず、日本独特の会話スピードやイントネーションも身に付かないものだと思います。

つい最近、そんな彼が日本国内を旅行したときのお土産を持ってきてくれました。そして、そのお土産を手渡されたとき、**頭を下げながら「つまらないものですけど」**という言葉を添えたのです。

おそらく、まあ日本人がよく口にするひと言だと聞き流す方もいらっしゃると思います。しかし、**この彼の言葉と姿勢がどれだけ驚くべきことなのか、**分かる方はどれだけいるでしょうか。

「つまらないものですけど」の意味

西洋では、人に何か物を差し上げるとき、決して「つまらいものですけど」というような言葉を添えることはありません。もしそんなことをしたら、「つまらないものならなぜ人にあげるのか?」と怒って、突き返されるでしょう。

英語に直訳してみると「bauble」(安っぽいもの)、「chaff」(もみ殻)、「rag」(ぼろ布)、「waste」(廃棄物)というような英単語になります。

このような言葉と一緒に物をいただいても、誰も嬉しいはずがありません。

はたして、私たち日本人はこのような英語と同じ意味で、「つまらないものですけど」という言葉を使用しているでしょうか？

きっと首をかしげる方がほとんどだと思います。しかし、日頃から習慣としてよくこの言葉を口にする日本人であっても、なぜこのような言葉を添えて人に物を差し上げるのかを知っている方は、今日では少なくなっているような気がします。

私自身、学生時代にスコットとは別のアメリカの友人から尋ねられるまで知りませんでした。

まず、理解しなければならないのは、「つまらいものですけど」というのは、**人に差し上げる「物」を指しているのではないということです。**この**「つまらないもの」が指すのは、日頃「私」「あなた」が相手から受け取っている「手助け」「お世話」「親切心」のことなのです。**

このように自分を常日頃から支えてくれているものと比較すれば、差し上げようとする「物」などまったくたいしたものではないということで、「つまらないものですけど」という言葉が生まれるのです。

先ほどの英訳の意味とは、ほど遠いものなのです。

ここには、**「共生」（共に生かされている）という東洋独自のやわらかい受動的な精神**が流れています。

西洋では、このような受動的な感覚はあまりなく、表現もどちらかというと能動的かつストレートです。

そんな感覚が漂う環境で生まれ育ったスコットが、「つまらいものですけど」という言葉を添えてお土産をくれたのです。

私は心の底から驚かざるをえませんでした。

日本人に「つまらないものですけど」を口にさせるもの

共生という言葉は、よく仏教用語として認識されていますが、実は仏教用語ではありません。しかし、この言葉が仏教思想から培われた理念であることは間違いないと思います。

その代表的な思想が、「諸法無我《しょほうむが》」と「報恩《ほうおん》」です。

「諸法無我」は、「諸々の法（ここでは「物事」を意味します）には我が無い」と読み、**「すべての物事は繋がって存在しているのであって、独立した単体として存在するものはない」**という意味です。

そして、「報恩」とは、「恩に報いる」と読み、**「仏・祖師・周りの人々から自らが受けた恩に報いる」**という意味です。

つまり、**「共に（支えあって）生かされている」**ということになるのです。

この共生の精神が、私たちの頭を下げさせ、謙虚な気持ちを持たせ、私たち日本人に「つまらないものですけど」という言葉を口にさせるのではないでしょうか。

余談ですが、英語では主語というものがとても大事です。これがなければ文章が成り立ちません。ここにも「自分」というものを中心とする西洋の能動的かつストレートな姿勢が見られます。

しかし、**日本語は**如何でしょうか、**主語がなくても文章は成り立ちます。**これは共生の精神による東洋の受動的な姿勢の現れでもあります。

何事も当たり前ではなく、どんなに自分の力だと思っていても、必ず目には見えないはたらきに支えられています。

そんなことになかなか気が付けない私に、絶え間なく注いでいただいている優しさや親切心などのはたらきを思うと、**自ずと謙虚な姿勢で頭を下げ、**

感謝をせざるをえないのです。

多くの日本人が表面的なものばかりに目を向けるようになり、「つまらないものですけど」という言葉を口では言いますが、その深意（真意）を理解する人々が少なくなってしまっているように思えます。

形も色もなく、目には見えないものを感じ、**その根底にある大切な教えに感謝する生活**をすることが、日本の精神文化の基盤だったのかもしれません。

WORD 15

もったいない

注目された言葉

二〇〇四年に**環境分野で初のノーベル平和賞を受賞した**ケニア出身の**ワンガリ・マータイ（Wangari Muta Maathai）さん。**

この方が環境を守る世界共通語として「MOTTAINAI（もったいない）」を広めることを提唱し、国内外で「もったいない」という言葉が注目を浴びたことは、多くの方がご存知だと思います。

その後、地球環境に負担をかけないライフスタイルを通して、持続可能な循環型社会の構築を目指す活動として**「MOTTAINAI キャンペーン」**がスタートしました。

そのキャンペーンの説明によれば、マータイさんは、日本語の「もったいない」という言葉を知り、この言葉の意味に該当する別の言葉を他言語にも探したそうです。

しかし、**「3R＋Respect」**という精神のすべてを網羅する言葉を、「もったいない」以外には見つけることはできなかったそうです。

「3R」とは、**「Reduce（ゴミ削減）」「Reuse（再利用）」「Recycle（再資源化）」**のことを指し、最後の**「Respect」**はかけがえのない地球資源に対する尊敬の念のことです。マータイさんは、これらをすべて包括するのが「もったいない」という言葉だと定義されたのです。

こうして**日本語が大切な精神として世界から注目を受けたことはとても誇らしいこと**だと思います。

しかし、私たち日本人にとって「もったいない」という言葉がどのようなものか振り返ってみると、ごく当たり前の言葉として日常生活の中で使い、ときには心の中で呟くような言葉だということに気が付くと思います。

「もったいない」の意味のいろいろ

実際、どのような場面で「もったいない」という言葉を使うか整理してみます。

一番多いのが、①食事の際の食べ残しや、何か物を処分するときだと思います。

そして、②無駄な時間やお金などを使うときにも、つい口にすると思います。

また、③過分なお気持ちや物、チャンスや機会などを得たときにも使います。

さらに、④それらを失ったときにも「もったいない」を使います。

これらは「もったいない」を使う代表的な場面だと思いますが、こうしてみてみると、「もったいない」にも**場面によって微妙に日本語の意味が異なることに気が付きます。**

四つの代表的な場面での「もったいない」を英語に訳すと、その意味の違いが明確になります。

① It's wasteful.（それは粗末にすることだ）
② That's a waste of time.（時間の無駄だ）
③ It's too good for me.（私にはよすぎる）
④ How stupid of me!（私はなんて愚かなんだ）

英語での表現はすべて異なるものです。しかし、**日本語の「もったいない」は、これらの意味をすべて一単語で表す**のです。

日本語で使う場合は、一単語で複数の意図が伝えられる便利な言葉だと思いますが、英語で「もったいない」ということを伝えようと思うとき、これらの意味を把握しておかなければトンチンカンな表現になりかねません。

これは私自身の経験ですが、アメリカへ渡って間もないころ、「もったいない」という日本語を「粗末にしてはならない」という意味でしか理解しておらず、常に「That's wasteful.」という表現で英語を話していました。しかし、どうもしっくりこないと思うようになり、その原因が私の日本語の理解力の低さにあったと判明したときは、恥ずかしい思いでいっぱいでした。

そして、改めて「もったいない」という言葉を学び直すため国語辞典で調べてみると、新たな発見がありました。それは、「もったいない」という言葉は、**仏教思想に由来していた**ということです。

「もったいない」の根底

国語辞典では「もったいない」は「神仏・貴人などに対して不都合であること」「不届きであること」「過分のことで畏れ多いこと」「かたじけない」「ありがたい」「無駄になることが惜しい」を意味するとあります。

今日、私たちが使用している意味とは異なる意味もあることが分かります。

しかし、語源を辿ると「もったいない」は「勿体無い」という漢字になります。これは和製漢語のようです。

「勿体」とは、「重々しい」「尊大なさま」を意味するということなのですが、元来は異なる意味でした。

本来、「勿体」は「物体」と書き、「物のあるべき姿／物の本質的なもの」

を意味していたようです。これから派生し、「重々しい」「尊大なさま」という意味になったと説明があります。

よって、この「物のあるべき姿／物の本質的なもの」を「無い」で否定するわけなので、**「もったいない」というは「物の本体はない」ということを意味していた**ことになるのです。

ここで注目すべきことは、この「もったいない」の本来の意味が仏教の「物事はすべて繋がって存在している」という**「縁起」の思想**や「この世に何一つとして独立して存在しているものはない」という**「空《くう》」の思想**に通ずるということです。

つまり、すべて当たり前ではなく、何一つとってもすべては有り難い（有ることが難しい）ことであり、**私たちは支えあって「生かされている」とい**

う真実が「もったいない」という言葉の根底にあるのです。

こう理解すると、「もったいない」の意味に「神仏・貴人などに対して不都合であること」が含まれていることに納得できます。

つまり、目には見えない力や働きに助けられていることへの懺悔の念と感謝の気持ちです。

これらの意味をすべて含めようとした場合、「もったいない」を的確にひと言で英語にすることはできません。

ひょっとしたら、マータイさんは、この**「もったいない」という言葉の奥深さにも触れられたのかもしれません。**

いつか、「もったいない」が「MOTTAINAI」として英単語になることを願い、その意味を多くの方と共有できる日がくることを願っております。

WORD 16

こつこつ

人それぞれの「こつこつ」

「成功とは1％の才能より99％の努力」。

おそらく、アメリカの発明家トーマス・エジソンの「天才は1％のひらめきと99％の努力」をもじった文句だと思われますが、これは私が中学一・二年生のときの担任の先生から、耳にタコができるくらい聞かされた言葉です。

当時は、何度聞いても右耳から左耳へとスーっと聞き流していましたが、どこかでその流れは止まったのか、**気が付けば私の人生の指針となっていました。**

実際、今までの自分の道のりを振り返ってみると、がむしゃらに努力してきた半生だったと思います。

例えば、アメリカの大学院に留学していた頃は、一日に大量の英語の文章を読んでいたのですが、分からない英単語でいっぱいでした。

そして、その日に調べた大量の英単語は紙に書きとめ、必ず寝る前にそれらすべてを覚えるまで、ひたすら雑記帳に書いて発音するということをしていました。おかげで今では、たいていの英文書は辞書なしで読めるようになりました。このように、**過去にできなかったことが、日々の努力によって気が付けばできるようになっていた感動は、**多くの方が共感されるのではないでしょうか。

そんな背景もあり、私の好きな日本語のひとつに、「こつこつ」というものがあります。これは、たいていの場合は「地道に働くさま」や「たゆまず努め励むさま」として使われていると思います。

この「こつこつ」に漢字を当てると「兀兀《こつこつ》」（「兀」は「高くそびえているさま」）や「矻矻《こつこつ》」（「矻」は「たゆまず精を出して働くさま」「疲れ果てるさま」の意）となるようです。前者の漢字からは、「塵《ちり》も積もれば山となる」という言葉が連想されます。きっと、人それぞれ「こつこつ」にまつわる物語があると思います。

「こつこつ」の英訳

この「こつこつ」という言葉を英語にしてみると、一般的には「steadily」（しっかりと）、「untiringly」（根気よく）、「laboriously」（苦心して）、「work/study hard」（一生懸命働く／勉強する）というような英単語になります。ちょっとした慣用句だと「a little by little」（少しずつ）、「step by step」（一歩一歩）というような表現にもなります。

これらはどれも懸命さが感じられる表現ですが、**どうもあっさりし過ぎる気がします。**何か大事なことが語られていないように思えるのです。

では、**その「何か」とは何なのでしょうか。**それは、一階がない二階の建物は存在しないように、土台や基盤を築いているということです。私は「こつこつ」とは、**これから発展していくための基礎を構築すること**を意味するのだと思っています。

多くの人は、幸せや成功は遠い先や未来からやってくるかのように幻想を抱き、先のことばかりに目や心を向けてしまいがちです。その結果、今の自分の足もとを見失いがちになり、足が宙に浮いてしまい、現実というものに足がついていない状態になっています。まさに一階を作らずして二階や三階を建築しているようなものです。

私は、「こつこつ」には、現実を見つめる作用もあるのではないかと思うのです。「こつこつ」を英訳する場合、「Building a foundation」（基礎を構築すること）や「To open one's eyes to the realities of life.」（現実に気が付かせること）とも表現できるのではないかと思うのです。

仏教における「こつこつ」

実は、仏教にも「こつこつ」と同じ意味を持つ言葉があります。それは、「懸命に努力する」という意味の**「精進《しょうじん》」**です。

しかし、「こつこつ」を深く捉えた「現実に気が付かせる」という意味では、別の仏教用語が当てはまります。

それは、**「而今《じこん》」**というものです。これは「今の一瞬」を意味し、過去や未来にとらわれることなく、ただ今を精一杯に生きることの大切さを説く言葉です。

突然ですが、**「幽霊」**という言葉は、多くの方がご存知だと思います。この「幽霊」から連想される一般的なイメージが、長い髪（おどろ髪）がなびき、だらんとした手を下にぶら下げ、足がなく宙に浮いているというものではないでしょうか。実はこの三つの特徴にはすべて意味があるのです。

まず、**長い髪がなびいているのは、過ぎた過去に執着しているる**ことを意味し、**だらんとした手を下にぶら下げているのは、未だ来るか来ないかわからない未来に余計な心配**をし、取り越し苦労していることを意味しています。そして、**足がなく宙に浮いているのは、現実に目を向けず、「今」という時間を大切に生きていない**ことを意味しているのです。このような**三つの特徴を持つものを「幽霊」**と呼ぶのです。

「こつこつ」とは、**今を生きること、今するべきことに集中することの大切さ**を教えてくれる仏教精神を帯びている言葉なのかもしれません。

結果的には、**今の自分の行動が未来を切り開く**のです。私自身、未来は自分で築くものであることを忘れず、日々多くの人に大切なことを伝えるという目標を持って「こつこつ」と努力を重ねながら生活していきたいと思います。

WORD 17

おかげさまで

●「胸に詰まってしまっている言葉」

「お元気にされていますか?」「ご家族の皆さまはお元気ですか?」と尋ねられると、私はいつも「おかげさまで元気にしています」と返答します。きっと、多くの方が謙虚な姿勢を表す言葉として、何気なく使う言葉の一つだと思います。

しかし、**実は私は通訳や翻訳の仕事をしている中で、最も困る言葉がこの「おかげさまで」なのです。**この理由には、ちょっとしたエピソードがあります。

大学四年生の夏、海外で浄土真宗を学ぶプログラムに参加し、ハワイで研修に参加していたときのことです。「なぜハワイ?」と思う方もいらっしゃるかもしれませんが、実はハワイにはたくさんの日本の仏教寺院があります。まだ日本が経済的に豊かではなかった二十世紀初頭、日本から多くの方がハワイ、北米、南米へ出稼ぎに行き、移民として現地に移住するようになりました。

当時は日本人に対する差別意識が激しく、農業や商売をするにしても大変な苦労をされたそうです。そのような人々の心の支えとなったのが、お寺の存在でした。

移住した人たちは結束力を固め、集落を作り、その集落の中心に日本の仏教寺院様式を真似たお寺を建てました。**どんなに辛いことがあっても、遠く離れていても、馴染み深い日本のお寺の中や仏さまの前では皆平等であるという支え**によって、日々の暮らしを乗り越えておられたそうです。

こうして建立されたお寺は今でもハワイ、北米、南米に残っており、日系人と呼ばれる移住された方々の子孫や新たに信仰者となった現地の人々によって大切に守られています。**その原点とも言える場所がハワイ**であり、そこで浄土真宗を学ぶことは私にとって大変重要な意味を持っていたのです。

研修中のある日、ハワイの日系人の歴史を学べるミュージアムを見学することになりました。**そのエントランスに掲げられていたのが「Okagesamade… Because of You…」でした。**

それまで「おかげさまで」を英語でどう表現するか考えたこともなかった私は、日系二世の指導員に「Because of you」が「おかげさまで」の英訳なのかを尋ねると、数多くある英訳のうちの一つだと教えてくれました。

そのときの指導員の目は、**ご自身の過去の辛い歴史を顧みるような眼差しで、少し涙ぐんでおられたのを覚えています。**その光景に強烈な印象を受け、以来、ずっと「おかげさまで」という言葉が重く私の胸に詰まっているのです。

「おかげさまで」の意味

「おかげさま」に、漢字を当てはめると「御蔭様」となります。この「御蔭」は、元来「神仏の加護に感謝する」といった意味を持ちます。

つまり、「おかげさま」という言葉には「目には見えないさまざまな支えによって」という**自己顕示欲を反省し、また自分を支えてくれている「ご縁」というものに感謝する精神**が流れているのです。

通常、「おかげさまで」は英訳として「Because of you」(あなたのせいで)、

「Due to」（～のため／～の結果／～のせいで）、「Thanks to」（おかげで／～のため）などがあります。

しかし、これらは「御蔭」の真意が説明しきれていません。「Thanks to」であれば、かろうじて感謝の意味は通じますが、「御蔭」に含まれる深い世界観は十分に表現されません。おそらく、長々とさまざまな形容詞や述語を加え、文章にしなければ説明することは不可能でしょう。

私がここで伝えたいのは、このように他の言語では決してひと言で説明できない「日本人の心」を形成する精神の再考です。**「おかげさまで」という日本語を作り出した精神の根本とは、一体何なのでしょうか。**

これは今日のようなテクノロジーや文明などなかった時代に、自然の中で生き抜いてきた日本人の独特の感性に関係していると思います。

地震などの自然災害の多い日本では、度重なる苦難の結果、人は自然には逆らうことはできないことを理解してきたのではないでしょうか。

その証拠として、**古来、日本では山川草木《さんせんそうもく》には神や精霊が宿るとして、すべてのものに対して感謝と畏怖の念を持って崇拝してきました。これがいわゆる日本のアニミズムというものです。**思うように支配できない大いなる自然の力を前にし、平和な生活を願うとき、人は目には見えない力に頼らざるを得なかったのではないでしょうか。

日本のアニミズム（自然界のそれぞれのものに固有の霊が宿るという信仰）の背景には、善し悪しの区別無く、すべての現象は人の力ではなく、目には見えない力によってもたらされているという「人の驕《おご》り」をかき消す精神が流れているのです。**この精神が「おかげさまで」という言葉の土壌になっていると考えられます。**

「おかげさまで」の精神と仏教の接点

このアニミズムの背景にある精神は、仏教思想にも通じるものがあるように思えます。その一つが「諸法無我《しょほうむが》」という教えです。これは、仏教をバラモン教、ヒンズー教をはじめとする他の思想と識別するための、四法印《しほういん》と呼ばれる、仏教思想を代表する四つの「ものさし」になる教えの一つです。

「諸法無我」は漢字だけだと難しく見えますが、「諸々の法（物事）には、我は無い（何一つとして独立して存在していない）」と読み解き、すべてのものはさまざまな物事と繋がってそれぞれ形成されており、そのうえで独立した個というものはないことを意味しています。

つまり、実生活の中でも、目の前にある物にしても、現象にしても、私たちの思慮をはるかに超える無数の物事や事象が重なり合って形成されているということです。

ここにも**「人の驕り」をかき消す精神**が感じられます。

私は、日本で培われた「人の驕り」をかき消す精神が、後に日本に伝来した仏教と交わり、その中で生まれた言葉の一つが「おかげさまで」ではないかと思います。

こう考えると、もともと日本のアニミズムには仏教思想と同じような感性があって、違和感なく伝来した仏教と合致し、「神仏習合《しんぶつしゅうごう》」という日本仏教の特徴が生まれたのも納得できます。

今、私たちが見渡すすべてのもの、そしてそれを認識し感じる私たち自身も「おかげさまで」存在しています。しかし、実際には現実に感謝できないことも数多くあることでしょう。**それでも、その中で私たちはさまざまな物**

事に支えられ、「今」という現実に生かされているのは事実です。大切なのは、未来を左右する「今」、何をするべきなのか考えて行動するということなのです。

つまり、「おかげさまで」という言葉には、自分自身を内省し、目には見えないものへ感謝するという意味だけではなく、**次の新たな一歩を踏み出す原動力**も含まれているということです。

そういう意味では、「おかげさまで」という言葉に新たな一歩を踏み出す原動力を与えたのは、仏教なのかもしれません。

WORD 18

微妙

気遣いの言葉

昔、留学前に日本で通っていた英会話学校では、レベル別に複数のクラスに分かれており、それぞれのクラスで取り組むべき課題が設定されていました。

最低限の英会話ができるようになって、やっと一つ上のレベルのクラスへ上がり、そこで取り組む課題が、鑑賞した美術品や摂取した食事について感想を述べるというものでした。

その中でどう英語で表現すればよいのかと、とても悩んだ言葉に「微妙」

というものがありました。

この「微妙」は、**日本語の中でもとても便利な言葉の一つ**だと思います。普段、多くの方々が**「ダメとは言いにくいものに、やんわり否定的なニュアンスを含めながらも、全否定はしない」という優しい気遣い**を含んだ表現として使用しています。

これははっきりと白黒をつけられない、**日本ならではの灰色《グレー》な表現**だとも思います。この場合、英語では「Yes and no.」と表現するようです。

実は、私はどうも美的なセンスがないようで、よく仲間からイベントのフライヤーデザインなど、いくつかある案の中から「選んで下さい」とお願いされるのですが、選択をする度に、仲間から若干哀れみの顔を浮かべられ「微妙」と言われています。

もうここまでくると、優しい気遣いどころか、「微妙」は完全なる否定の「No」の意味になって聞こえてしまい、そんなに自分のセンスは悪いのかと、とても悲しくなってしまいます。

最近ではこの「微妙」という言葉を聞くのが恐くて、デザインの選択を頼まれても、「どれでもいい」「別の人に聞いて」などと回答して逃げています。

しかし、この「微妙」という言葉をよく考えてみると、私たちは**日常生活のさまざまな場面で複数の意味を使い分けている**ことに気が付きます。

この機会に「微妙」の複数の意味を整理してみたいと思います。

多様な意味

国語辞典で調べてみると、

第一の意味に「趣《おもむき》深く、何ともいえない美しさや味わいがあること」。

第二に「ひと言では言い表せないほど細かく、とても複雑なさま」。

第三に「非常にきわどくてどちらとも言い切れないさま」。

第四に「少し」という意味。

第五の意味として今日の私たちの大半が使っている**「否定的な意味あいでの婉曲的表現」**。


このようになります。この第五の意味の場合に関しては、カタカナで「ビミョー」と書くこともあるようです。


こうして整理すると、二つのことに気が付きます。

一つ目は、今日の私たちが主に使っている「微妙」という言葉の意味は、第三の「きわどくてどちらとも言い切れないさま」、もしくは第四の「少し」、第五「否定的な意味の婉曲的表現」であることです。それぞれ英語にしてみると、意味の違いがより明確になります。

第三の「きわどくてどちらとも言い切れないさま」＝「I am not sure./It's unclear.」。

第四「少し」＝「A little bit」。第五「否定的な気分の婉曲的表現」＝「That's a bitiffy./It's touchy.」となります。

日本語を話す側からすると、「微妙」は複数の意味を一単語で表現できるので、非常に便利な言葉だと思います。

そして、日頃、無意識に一つの言葉で複数の意味を使い分けて会話しているのが今日の私たちです。また、話し手と聞き手の相互理解がないと会話は成立しません。これは、実は凄いことでもあるのです。

しかし、これを英会話にすると非常にやっかいなのです。きちんと意味を整理していないと、表現も異なるわけですから、英会話は成立しなくなってしまいます。

そして二つ目の気付きは、私たちは「微妙」という言葉を、第一の意味にある本来の物事の素晴らしさを表現する言葉として使っていないことです。今日では、「微妙」という言葉の意味の一番奥底になる第五の意味を、天地をひっくり返したように使っていることに面白みを感じます。

実は仏教用語

しかし、ここでさらに気付かされたことがあります。実は、この「微妙」という言葉は、もともと仏教用語だったのです。この事実を知っている人は少ないと思います。

通常、私たちは「微妙」を「びみょう」と読みますが、仏教用語としては「みみょう」と読みます。そして、「言葉では言い尽くせないくらい不思議で奥深く素晴らしいこと」を意味するのです。

実際にさまざまな仏教経典を見てみると、**人間の知識では理解することのできない不思議さや素晴らしさを表す語**として使用されています。

では、この不思議さや素晴らしさが指すものは何かというと、「法《ダルマ》」といわれる真実、つまり仏の教えです。すなわち、**深い感謝の気持ちを表す言葉だった**のです。

ここで再度、今日の「微妙」の意味を考えてみると、仏教用語である「微妙」が、私たちの日本語の日常用語として使われるようになり、時間やさまざまな過程を経て今日のような語意に変化したということがよくわかります。

仏教用語の意味とほぼ一致する第一の「趣深く、何ともいえない美しさや味わいがあること」の意味から、第二の「ひと言では言い表せないほど細かく、複雑なさま」に変化し、さらに第三の「きわどくてどちらとも言い切れないさま」、そして最終的に「よくわからない」という意味に変化を遂げたのだと推察できます。

しかし、ここで思うことは、**「微妙」という言葉が、今日では本来の意味とは異なる否定的な気持ちを表す言葉になったとしても、「婉曲的」にその気持ちが伝わる優しさを帯びている**のは、やはりこの言葉が仏教思想に根付いているからではないかということです。

忘れがちな原点を知ることで、また別の世界が今という時間に開かれるような気がします。

普段当たり前のように使う日本語の語源の面白さ、そしてその日本語に浸透している奥深い精神の素晴らしさを感じてみてはいかがでしょうか。

第4章

日本文化に育まれた奥深い言葉

WORD
19
合掌

日本独自の合掌

研究と英語漬けのアメリカ留学中、私には唯一の楽しみがありました。

それは、毎週土曜日の夜に放送されていた日本のドラマを観ることでした。

すでに日本で放送され終わってから二年は経過したドラマの再放送でしたが、
私にとっては肩の力を抜いて過ごせる唯一のリラックスタイムでした。

当時、『世界の中心で、愛を叫ぶ』というドラマが放送されており、英語のサブタイトルもついていたので、アメリカ人の友人と学生寮にあるテレビにかじり付いて観ていたのを思い出します。

このドラマのあるシーンで、母親役である女性が息子役の主人公の青年に「じいちゃんと相談しなさい」と伝え、息子は仏壇の前に座ってお焼香をし、合掌しながら、亡くなったおじいさんと会話するかのように、悩みを語りかけるというシーンがありました。

私はごく自然なことだと思い、何気なく観ていました。すると、ドラマが終わった後、一緒に観ていた友人がそのシーンだけがまったく理解できなかったと言いはじめたのです。

彼の質問は、二つありました。一つは、ドラマの青年を含め、**日本人はさまざまな場面でよく手を合わせる動作をするのはなぜなのか。**もう一つは、**なぜ手を合わせながら仏壇を通して亡くなった方と話すことができるのか、**ということでした。洞察力に富んだおもしろい質問だと、感心したのを覚えています。

元来、「合掌」とは、インド古来の礼法で、仏教徒が顔や胸の前で両手の掌や指を合わせて、仏さまや菩薩さま（悟りを求め、また衆生を救うために多くの修行を重ねる者）などを拝むことを意味しました。そして、仏教を通じて日本に持ち込まれたと考えられており、アジア諸国ではあいさつの習慣として合掌することもあります。

日本には、何気なく手を合わせる習慣があります。
お寺や神社に参拝するときの合掌は、インド元来の合掌の意味と同じだといえるでしょう。

しかし、亡き人に向けた合掌、食前の「いただきます」と食後の「ごちそうさま」の合掌、誰かに「ありがとう」とお礼を伝えるときの合掌、誰かに「ごめん」と謝るときの合掌、誰かに「お願い!!」と何か頼み事をするときの合掌などは、**日本独自の合掌**のように感じられます。（ちなみに、日本では僧侶同士のあいさつのときにも合掌することがあります）

手を合わせたその先

合掌は単純に動作だけを英語にすれば、「Put one's hands together.」（手と手を一緒にする）、「Place one's palms together.」（掌と掌を一緒にする）、「Pressing one's hands together in prayer.」（手と手を押し合わせながら拝む）というふうになります。

しかし、**これでは動作の中に浸透する日本独自の合掌の意味はまったく伝わりません。では、日本独自の合掌にはどのような意味があるのでしょうか。**このことを深く考えた方は少ないのではないでしょうか。

私は、インド元来の仏さまや菩薩さまを拝む習慣に、神仏などの目には見えない力やはたらきへの畏敬の念が加わり、発展したものが日本独自の合掌だと思っています。

では、畏敬の念とは何かというと、「すべては当たり前」「自分で生きている」という自己の驕りの反省です。本来の私たちの姿は、すべては当たり前ではなく、目には見えないはたらきかけにより、生かされているのです。

ここに「申し訳なさ」「感謝」「尊さ」の思いが湧き起こり、これらの思いが合掌となって体現されているのです。

私たちの日常生活の中で手を合わせる場面を想像してみると、どの場合でもこれらの思いがあてはまるのではないでしょうか。

このような意味では、合掌自体は手を合わせる動作ですが、その真意を踏まえると「Embodiment of gratitude for the unseen supporting working.」（目には見えないはたらきへの感謝の体現）と英訳できるのかもしれません。

この感謝の体現が習慣化している日本は本当に優しい精神文化を持った国だと思います。

次に、私の友人からの二つ目の質問である「なぜ手を合わせながら仏壇に話しかけ、亡き人と話すことができるのか」についてです。

仏壇の前に合掌して座って語りかけるという情景は、家に仏壇がある家庭で育った方であれば、だいたいの方が何となく分かるのではないでしょうか。では、一体何がこの情景を作り出しているのでしょうか。

この情景における合掌は、**主に亡き人を偲《しの》ぶ日本人の思いの体現**だと思います。これは仏壇だけではなく、お墓参りも一緒です。

お仏壇やお墓を目の前にして手を合わせない人はいません。これは、日本の亡き人を偲ぶ礼法です。

日本にはモノを擬人化する習慣があります。

例えば、「大根さん」「カミナリさん」「机さん」などとモノに「さん」を付けて呼ぶことで、尊敬の念や親近感を持とうとします。この延長で、多くの方々が仏壇に安置されている仏像、位牌《いはい》、または仏壇そのものを亡き人と重ね、「仏さん」「じいちゃん」「ばあちゃん」と呼んでは大事にしています。

実は、亡き人を仏として考えるのは、日本独自の発想なのです。よく成仏《じょうぶつ》と言いますが、この「仏」とは、「悟った者」「目覚めた者」の意味で、元来「亡くなった人」を意味するものではありませんでした。

しかし、亡き人を尊ぶ日本の土着精神文化が仏教と融合し、亡き人を仏という尊い存在とすることで、尊い気持ちを持って亡き人を偲び、**悲しい気持ちを癒すという習慣**が生まれたのです。

もちろん、実際に仏壇に合掌しているときに、本当に亡き人と会話しているわけではありません。実は、これは亡き人を偲びつつ、自分自身を振り返っているのです。

人は、忙しい日常生活では、自分の初心や足元を忘れがちになり、ときとして一時的な感情に任せて誤った判断をしてしまいがちです。

そんなとき、仏壇に手を合わせることで、**亡き人の生前の教えや思い出を噛みしめ、自己の反省をしたり、冷静な自分を取り戻すのです。**

この場合だと、合掌は「Self-reflection through the deceased.」（亡き人を通した自己内省）となるでしょう。

日本にはお盆というものがあります。なかには田舎へ帰省したり、家族が集まる機会を持つ方も多いと思います。

もしご自宅の仏壇に手を合わせたり、お墓参りをする機会があれば、**合掌の心**を踏まえたうえで、**今の自分自身と向き合ってみては如何でしょうか？**

WORD 20

さりげない

日本人の宝の精神

数年前、仕事でアメリカのバークレーという街を訪問した際、留学中に滞在していた寮の前を車で通ることがありました。懐かしい思い出が蘇り、一度は寮の前を通り過ぎたのですが、ハンドルを切って引き返し、立ち寄ることにしました。

私がこの寮に滞在していたのはもう十年以上も前のことで、さすがに知っている人はいないだろうと思いながらもドアのベルを鳴らすと、当時お世話になっていた大学院の教授がまだ滞在しておられて、歓迎してくれました。

ギシギシと鳴る廊下やボロボロの内装を懐かしく思いながら寮内を歩いていると、昔自分が使っていた二階の部屋の前に辿り着きました。

たまたま、その部屋は誰も利用していなかったようで、部屋に入らせてもらいました。懐かしさはさらに増し、教授と雑談しながら、ふと部屋の窓に目が向きました。近づいて窓から外を見ると寮の庭の景色が目に映りました。

一階に降りて、その庭を見ながら、当時、研究が思うように進まなかったり、論文が上手くまとめられなくて、イライラしたり、落ち込んでいたとき、コーヒーを片手にボーっと眺めて心を落ち着けさせてもらっていたことを思い出しました。

そして、この庭を毎週末ボランティアで泥まみれになって手入れをされていた**日系二世のおじいさん**のことを思い出しました。

そのおじいさんのことを尋ねると、**数年前にお亡くなりになっていたことを知り、急に寂しい気持ちになりました。**このおじいさんは、もともと腕利きの庭師でした。**戦時中は、日系二世部隊（第四四二連隊戦闘団）として苦しい体験をされ、戦後も大変苦労をされながらも庭師として会社を興され大成された方でした。**

私が出会った当時は、すでに会社の代表は息子さんに譲られており、好きなときに自宅と私の滞在していた寮の庭の手入れをするという生活をされていました。

おじいさんは、日本語も英語も話すバイリンガルで、私が日本人ということもあり、よく英語やアメリカでの生活の仕方を教えてもらったり、近所のスーパーの買い出しに車で連れていってもらったり、特別可愛がってもらっていたことを覚えています。

そんな方から、**庭師として大成されたコツ**を聞いたことがあります。おじいさんは多くのお客さんから仕事をもらうために、あることを心がけていたそうです。

それは、**依頼された仕事内容よりも、ほんの少しだけ余分の仕事をしてあげる**ことだったそうです。

私はそのおじいさんの言葉のやわらかさや表情から、それが**何か見返りを期待した行為ではなく、もう少し庭の手入れをしてあげたいと思う素直な気持ちに従った行為**だと分かりました。

結果的に、これが多くのお客さんからの信頼と実績に結び付いたそうです。

そのとき、私はおじいさんから大切な言葉を受け取りました。それまで英語を喋っていたおじいさんは、その言葉だけは日本語で言いました。それは**「さりげなさは、宝よ」**でした。

「さりげない」の温かさ

「さりげない」は、英語では「casual」「unconcernedly」「effortless」「in a casual manner」と対訳されるようですが、これらを見て、おじいさんがあえて日本語で「さりげない」を表現された理由が何となく分かる気がしないでしょうか。

それは**英語では表現しきれない何か**が日本語の「さりげない」には含まれているからです。おじいさんはそのことを知っていたのです。

日本語の**「さりげない」は、「何事もないように振る舞うさま」「それらしい様子を感じさせない」、**つまり「考えや気持ちを表面には出さない」ことを意味します。

こうして見ると、やはり対訳としてあてられる英単語や英語表現では**日本**

語の「さりげない」とはニュアンスが異なることは明白です。

私は、おじいさんの姿勢から、「さりげない」とは、「身心一如《しんしんいちにょ》」の精神の大切さを意図する言葉ではないかと思うのです。

「身心一如」とは、「身体と心は一つの如し」と書き下し、**「気持ちや感情は行動に現れ、行動は気持ちや感情を表す」**という意味です。

何か「はからい」（自分が得をするように考えたり計算する心）や邪《よこしま》な思いに従って行動すると、そのネガティブな思いはどうしても行動や身体から発せられる雰囲気に露呈され、それは「さりげない」ではなくなってしまいます。しかし、**優しい気持ちに従い、その気持ちと一体になったとき、はじめて「さりげない」が実現する**のです。これがおじいさんの「依頼された仕事内容よりも、ほんの少しだけ余分の仕事をしてあげること」だったのではないでしょうか。

「我」や「欲」を強調するのではなく、人や物を優しく思う気持ちと行動が一体となったときに生まれる行為の様子を表すのが「さりげない」という言葉です。

これらを踏まえると、「さりげない」は英語で「Becoming one with our heart through caring for others.」（他への気持ちと一つになること）と表現できるのかもしれません。

おじいさんが教えてくれた大切な心と言葉、今一度心に刻みたいと思います。

WORD 21 風情がある

培われた力

先述のように、アメリカ留学中、私にとって唯一肩の力を抜いてリラックスできた時間が週末の夜に特別に放送される日本のテレビ番組を見ることでした。

当時、日本のニュースや再放送のドラマ、ドキュメンタリーなどが放送されていました。そして、番組と番組の合間には、日系コミュニティーの情報や食材などのコマーシャルが流れていました。

これらのコマーシャルの中に、いつも流れる私の好きなコマーシャルがありました。それは、カリフォルニア州で採れるお米のコマーシャルでした。

そのコマーシャルでは、**収穫前の黄金色に輝く稲が風に揺れ、秋の日本の田園風景が映し出されており、なんとも言えない美しさ、穏やかさ、そして懐かしさに私は心を奪われていました。**

私の生まれ育った場所は、山口県の徳地という山間部の地域で、山と川に囲まれた自然豊かな場所です。季節によって、衣替えをするかのように景色を変化させる大自然の中でのびのび育ちました。

そこで培われたもののひとつに「風情」を感じとる力があります。きっと田舎で生まれ育った方の多くは、特にこの「風情」を感じる感覚が強いのではないかと思います。

不思議な言葉

私たちは日本の四季が創り出す自然で、儚《はかな》く、質素且つ静寂な情景をみたり、その中にある美しさを感じたりしたとき、**何気なく「風情がある」と口にします。**しかし、この言葉の意味や由来などを深く考えたことがある方は少ないと思います。

日本語の意味の深さを確認するために、一度「風情がある」という言葉を英語で考えてみます。英語では「tasteful」（味わいがある）、「refined」（洗練された）、「charming」（素敵な）という言葉が当てはめられるようです。

これらの英単語を見てみると、何となく「風情がある」という意味のように思えますが、**何か欠けているような、腑に落ちないような気がしないでしょうか。**

元来「風情」とは、「情緒」（物事に触れて生じるさまざまな感情や、その感情を起こさせる特殊な雰囲気など）や、「気配」「様子」「ありさま」「仕草」「身だしなみ」などを意味します。

「風情がある」と言った場合、これらの「風情」が私たちの中にある「何か」と共鳴しているということなのです。

では、その「何か」とは何かというと、**それは自然の中で生きる私たちの五感（視覚、聴覚、触覚、味覚、嗅覚）を通した体験と記憶です。**

五感を通して感動したことや印象に残った美しさや自然の厳しさなど、無意識の内に私たちの中に記憶として蓄積され、その記憶と直面した現象が触れ合ったとき、それが私たちに「風情がある」と思わせる感情を生み出すのです。

この感覚は、「なつかしさ」という言葉にも通じるかもしれません。なんとも不思議な言葉です。

それぞれの「風情」

しかし、ここで注目すべきことは、「風情がある」と言った人が指すものが**必ずしも万人にも同意されるものではない**ということです。つまり、**一人ひとり過去の生い立ちや育った環境によって「風情がある」と感じる「ものさし」が異なる**のです。

私の場合、大自然の中で生まれ育ちました。空気・水・食べ物（肉・魚・野菜）などすべてが美味しく、一面に広がる田園風景と美しい山々に囲まれた環境で育った反面、ときとして四季折々の季節の変化に伴い自然の厳しい天候や災害とも直面しなければならないこともありました。

そして、そんな中でそれらに対応した生活の仕方を学びました。その生活の仕方とは、自然の流れに逆らおうとするのではなく、暑いときは暑い、寒いときは寒いという**自然の現実を受け入れた生活の仕方です。**別の言い方をすれば、「自然と一体化」した生活です。私が「風情がある」と口にすることの根幹には、この生活の体験があり、そこに儚さ、質素さ、静寂な情景があるのです。

私は「風情がある」というのは、この「自然と一体化」という体験が深ければ深いほど強く思えるものではないかと思います。

そういう意味では、世界のどの国の人々にも、その国で培われた体験をもとにした「風情がある」という感覚があるのかもしれません。

そんな中、今日の日本では、「自然と一体化」するという生活や体験を持つ方が少なくなってきた気がします。

その証拠に、「風情がある」という感覚が理解できないという声を聞くことがあります。**日本に住んでいるならば、日本独自の「風情がある」という感覚を大切にしたいものです。**

なぜなら、この感覚こそ日本が世界で誇れる日本らしさを物語るものだからです。

私は「風情がある」とは英語で「To feel one's origin」（自身の根源を感じる）と表現できるのではないかと思います。

私自身、錆びてしまっている「風情」を感じる感覚を研ぎ直し、心穏やかな生活を心掛けたいものです。

WORD 22

敷居が高い

●「便利な表現」

お寺の近所を歩いていると、近くに住むお寺の門徒さんによく出会います。するとちょっと立ち止まって井戸端会議。よくある田舎の風景です。出会うのはいつも決まった人ではなく、お寺にはあまりお参りされない門徒さんや別のお寺の檀家さんなど、いろいろです。

お話しする内容もそれぞれですが、いつも私は決まり文句を言ってお別れします。それは、「いつでも気軽にお寺にお参り下さいね／お越し下さいね」です。

そして、戻ってくる返答はたいてい二つあります。一つは「私にはまだ早い」です。そして、もう一つは**「（お寺は）敷居が高い」**というものです。

私は、門徒さんだけに限らず、日頃お寺や仏教とはご縁の遠い方など、たくさんの方に気軽にお寺にお参りして欲しいと思っています。

ですが、実際どうも皆さんはそう言われても「敷居が高い」と難しく思ってしまうようで、なかなかお寺に足を運んで下さる方はいらっしゃいません。

この「敷居が高い」という言葉ですが、普段どこか高級なレストランやブティック、お寺、神社、教会などの畏《おそ》れ多いと思われがちな場所へ誘われたとき、**断る文句の一つとして使用している方が多い**のではないでしょうか。

謙虚な姿勢も感じとられ、なかなか「No」と言えない日本人にとっては、誘った相手を傷つけない断り方として、**便利な表現だと思います。**

これを文字通りに英語にすると「Having a high threshold.（敷居）」となり、意訳を英語にすると「That's too good for me.」（それは私にはよすぎる）などになると思います。

しかし、**実はこれは間違った「敷居が高い」という言葉の解釈と使い方だと知っている方はどれくらいおられるでしょうか。**

本来の「敷居が高い」の意味

本来、「敷居が高い」とは、「相手に不義理・不面目なことなどがあって、その人の家や場所に行きにくい」ことを意味します。

恩義などに対してお返しができていない場合や、何か申し訳ないことをしてしまい心苦しくて、相手の家などに行きにくいということは、よくあるのではないでしょうか。そのようなときに使う言葉が、本来の「敷居が高い」

の使い方なのです。

英語には「Having a high threshold.」という表現があり、これが日本語の「敷居が高い」という表現の英訳として充てられています。この英語としての「敷居が高い」という言葉は、「高級すぎたり、上品すぎたりして、入りにくい」という意味の解釈で問題ありません。

しかし、この英語表現には日本語の「敷居が高い」の本来の意味は含まれていません。**はっきり言えば、同じ「敷居が高い」という言葉でも、日本語と英語とでは意味は異なるということです。**

本来の日本語の意味を踏まえるならば、「敷居が高い」は英語では「I feel so guilty for that.」（それに対して何だか悪いと思ってしまう）と表現できます。英語としての「敷居が高い」の意訳である「That's too good for me.」とはまったく意味が異なるのは明白です。

表面的には同じ言葉でも、その言葉の意味が日本語と英語では異なる面白さがここにあります。そして、こうした言葉の意味を深く考えると、また別の面白さに気が付きます。

それは、英語（且つ、現代の多くの日本人が使っている場合）の意味は、自分と対象物などを「表面的」に比較し自分を卑下する姿勢が見受けられ、その一方、日本語（本来の「敷居が高い」）の意味は、自分と対象物を「深層的」に比較し、自身を正直に問う姿勢が見受けられます。

つまり、双方とも自己を問う意味を持ち合わせてはいますが、その比較の対象が「外向き」（自分の外にあるもの）か「内向き」（自分自身）かという違いがあるということです。

第三者の目

私は、この「敷居が高い」という日本語の意味に含まれる**「内向き」のベクトル**こそ、外国語では簡単に訳すことも、理解することも難しい日本の精神だと思うのです。

ではこの「内向き」のベクトルとは、どのようなものなのでしょうか？

これは、**「第三者の目」というものに関係しているように**思えます。

例えば、小さな頃、私はよく祖母から「いくら隠れて悪いことをしても、仏さま、おてんとうさま（太陽を敬い親しんでいう言い方）、おばあちゃんは見てるからね」と言われ、悪いことをしないように諭されていました。

だから、どんなに嘘をついて悪いことをしたことを隠しても、必ず見つかってしまうということで、そうしたときは素直に白状していました。

これが「第三者の目」です。きっと、同じようなことを言われたことのある方も多いと思います。


実は、これは自分に正直になるということを促す一つの手段なのです。

人は基本的には誰しも弱いものです。自分の嫌な部分から目を逸らしてしまうのはある意味仕方のないことです。

そんな弱い心を支えるために**「目には見えない第三者」を立てて、自分と向き合う機会を作る**のです。


誰も自分に嘘をつくことはできません。どんなに自分の過去や事実に嘘をつき、表面的に繕《つくろ》い、誰か他人をごまかせたとしても、**自分だけには嘘はつけません。なぜならば、過去や事実は変えられないからです。**

「敷居が高い」とは、自分と本当に向き合うという為《な》しがたい行動の心が反映された言葉なのです。そして、**ここから生まれてくるのは、感謝の心です。**もう一度、恩義を思い出し、改めて感謝の気持ちを持たせていただくことが大切だと私は思います。

私自身、普段から出入りしている所でも、ちょっと立ち止まって、その行き先と自分との関係を考えてみたいと思います。

そう考えてみると、きっと「敷居が高い」場所だらけになってしまうでしょう。しかし、改めて、お世話になっていることへの感謝の念に思いを致し、訪問させていただきたいと思います。

WORD 23

おもてなし

注目を浴びた言葉

二〇一六年十月末、観光庁により年間の訪日外国人観光客が二千万人を超えたという発表がありました。

その数を実感するのは、私が講演や仕事で日本の主要都市をはじめ全国各地を訪ねると、さまざまな地域でも外国人観光客を目にする機会が多くなったためです。

先日、紅葉の季節、講演のために京都を訪問しましたが、新幹線の駅のホームから中央改札を抜けてバスターミナルへ向かう途中、多くの外国人観光客とすれ違い、バス停でそれぞれの目的地行きのバスを待つ行列では、飛び交うさまざまな国の言語が耳に入ってきました。

それは、一瞬、自分が観光客として外国に来たのではないかと錯覚するほどでした。政府は二〇二〇年には年間四千万人を目標としているようで、このような状況はさらに勢いを増すことでしょう。

このような状況の中、多くの外国人観光客を迎え入れる側の日本で見直されていることのひとつに「おもてなし」があります。

二〇一三年九月に開催されたＩＯＣ（国際オリンピック委員会）総会のプレゼンテーションで**滝川クリステルさんがフランス語のスピーチの中で「お・も・て・な・し」と一字ずつ発音し、合掌されたシーン**は記憶に残っているのではないでしょうか。

その後、何度もメディアに取り上げられ、これまでホテルや飲食店などの接客業界隈という限られた領域でしか重要視されてこなかった**「おもてなし」という言葉が、その領域を越えて日本の大切な精神のひとつとして見直されるようになりました。**

私自身は、人を家に招いて、たいしたことなどできませんが、「おもてなし」をすることが好きです。これは、私が多くの人が出入りするお寺で生まれ育ち、門信徒《もんしんと》（檀信徒《だんしんと》）の方やお客さまがお越しになった際は、必ずお茶を入れ、お菓子を用意してお迎えさせていただくことに慣れ親しんできたことに由来していると思います。

しかし、この思いはアメリカでの生活を経て、自身では輪をかけて強くなった気がします。

当時、よくホームパーティーに招待されたり、主催者がすべて準備するのではなく、出席者が一品ずつ持ち寄る気軽なポットラックパーティーに参加するなど、幾度となくパーティー文化に触れる中で、広がる人と人との繋がりや、相手を思いやる場に素晴らしさを感じていました。

「おもてなし」の意味

「おもてなし」とは、客に対する心のこもった「接遇」「歓待」「サービス」などを意味する言葉です。「おもてなし」の「もてなし」は「持て成し」と書き、以下の四つの意味を持ちます。

①「待遇：お客さまに対する扱い」
②「接待：お客さまに出すご馳走」
③「態度：人や物事に対する振る舞い方」

④「処置：物事に対する扱い」

この「もてなし」に、丁寧さを添える接頭語の「お」をつけて、「もてなし」の行いに丁寧な真心を加えたのが「おもてなし」という言葉になります。

一般的に「おもてなし」は英語で「hospitality」と表現されます。これは「思いやり」や「喜びを与えること」を意味し、適切な表現ではないかと思います。

しかし、ときとして「service」と訳されることがありますが、**これは報酬を目的とし対価を意識した言葉であり、日本語の「おもてなし」の英訳としては適切ではない気がします。**

私は「hospitality」という表現にも若干の違和感を持ちます。もちろん、他に表現する英単語がないので仕方がないのですが、**日本語の「おもてな**

し」には、「hospitality」という単語だけからでは感じられない、何かもう少し深い意味が込められていると思うのです。

●「おもてなし」に大事なもの

その深い意味とは、「応病与薬《おうびょうよやく》」という言葉に通じています。

これは、医者が患者の病気に応じて薬を与えることですが、実は仏が教えを受ける人間の性格、適性、能力、要求などに応じて法を説くことに喩えたものです。

この場合、病気は煩悩を指し、薬は教えを指します。（このようなことから、仏を医者の王と言う意味で「医王《いおう》」と呼ぶこともあります）

さらに、この「応病与薬」は「対機説法《たいきせっぽう》」とも言います。これも意味は同じで、仏が教えを説く場合、相手の能力や性質などに応じてそれにふさわしい説法をすることを意味します。

これらの共通点は何かというと、「相手に寄り添う」ということです。これは、できるかぎり相手の立場に立って物事を考え、必要とされることを提供することです。つまり、相手の「こころ」に寄り添うことなのです。

私は、この「こころに寄り添うこと」こそ「おもてなし」において最も大切なことだと思うのです。**何をもてなすのかと問われたとき、それは相手の「こころ」です。**ただ一方的に、こちら側の判断だけで「もてなす」のであれば、それは押し付けになってしまいます。

だからこそ、相手の「こころ」に寄り添い、**必要としていることを察知して**「もてなす」ということを忘れてはいけない気がします。

相手の「こころ」を大切にすることが、「もてなし」に「お」を加えて丁

寧さを添えた「おもてなし」なのではないでしょうか。

これらを踏まえたうえで、「おもてなし」を英語にすると「To take good care of another's heart.」（相手の「こころ」を大切にすること）や「To know another's feelings/mind/intentions.」（相手の気持ちを知ること）というような表現になるのではないかと思います。

私自身、これまで「おもてなし」だと思っていた行動は、実は一方的な「もてなし」だったかもしれないと思うようになりました。「もてなし」ではなく、「お」「もてなし」ができるよう、心がけていきたいと思います。

きっと、**この姿勢が自己満足を超えた、相手の笑顔を通して自分も笑顔になるという深い喜びに繋がる**と信じています。

WORD 24

気が利く

人を笑顔にする根回し

日常生活において、ちょっとした相手への気遣いや思いやりで、人から感謝されることがあると思います。

例えば、鉛筆を取ってと言われ、消しゴムと一緒に鉛筆を渡してあげると、「気が利く」と褒められるでしょう。

実は、これは実際に私が幼い頃に、怒られてばかりいた父から、珍しく褒められたときの一つの思い出です。そのときの嬉しさがきっかけになったのかは定かではありませんが、私は今でも「気が利く」とお言葉をいただくことがあります。

外国の方と仕事をすることも多い関係上、よく外国のクライアントさんとのお付き合いで接待などがあるのですが、料理の取り分け、お酌、様子を見てお水やおしぼりなどを頼んだりします。

また、ときにはちょっとした日本のお菓子やその方の好きなお酒を手土産としてプレゼントしたりすると、気配りがよいと驚かれることもあります。

誤解を避けるためにひと言付け加えると、**特にゴマを擦ったり、好かれたいという思いを持って行動しているわけではありません。ただ、相手が喜び、笑顔になってくれるのが好きなのです。**ですから、サプライズをするのは大好きです。

この姿勢は、おそらく、さまざまな方が出入りするお寺で、祖母や母と一緒に訪問される方にお茶やお菓子を出したり、ちょっとした世間話や笑い話をするなどして、おもてなしをする中で培われてきたものだと思います。

祖母が「せっかくお寺に来てもらったんじゃけ、元気になって帰ってもらわんとね」と、よく私に語りかけてくれていたのを覚えています。

「気が利く」の根底

ある接待のときのことですが、外国のクライアントさんから、「You've got your head on your shoulders!」と言われたことがあります。

これは「気が利く」を英訳した一つの表現です。直訳すると「両肩の上に頭がある」という意味となり、この表現に混乱してしまう方も多いと思いますが、これは「かしこい頭を持っているね」というニュアンスです。

他にも、「to be sensible」（思慮のある）、「to be smart」（賢明な）、「to be tasteful」（風流な）、「to be tactful」（機転の利く）、「to be thoughtful」（思い

やりのある）などが「気が利く」の英訳として当てはめられるようです。

これらの表現はさまざまな角度から「気が利く」を捉えているもので、私たちのイメージする意味に何かしら触れていると思います。

しかし、私は**大事な視点がこれらの表現には欠けている**ように思えるのです。

日本語の「気が利く」とは、相手に対して「心がゆきとどく」「しゃれている」ことを意味しますが、**大事なのはその過程です。**つまり、どのようにすれば相手に心をゆきとどかせたり、しゃれたことができるのかということです。

それは、**第一に「相手のことを考える」**ことです。この「相手のことを考える」うえで、私が大切にしていることがあります。それは、**自分自身の存在意識の捉え方**です。

普段、多くの人は「自分」の存在を考えるとき、「自分が存在して、相手が存在する」と考え、第一に自分の存在を優先しがちだと思います。しかし、私はそうではなく**「相手が存在して、自分が存在する」**と考え、周りの人を優先します。

私は、「気が利く」という言葉の根底には、この意識が関わっているのではないかと思います。そして、この視点が英語の表現には含まれていないため、何か欠けているように感じてしまうのです。

「気を利かす」ということ

「相手が存在して、自分が存在する」という考え方は、**「共生」（支えられて、共に生かされているという意味）の意識を生み、同時に自ずと周りに対して謙虚な姿勢や優しい気持ちを生みます。**

しかし、「自分がいて、相手がいる」という考え方は自己中心的な意識を助長し、威張った姿勢や冷たい気持ちを生みます。

この後者の考え方が強いと、どんなに自分が「気が利く」ことをしたと思っても、結果的には「気が利く」行動にはなりません。最悪の場合、相手の気分を損ねてしまう行動となってしまうこともあります。

いい例が、あからさまなゴマすりのような行動を取る方です。端《はた》からみれば、それがあまり気持ちのいいものではないことは一目瞭然ですが、やっている当の本人は「気が利く」行為だと思い込んでおり、それを疑うことはありません。

なぜならば、「自分がいて、相手がいる」と考えるがゆえ、**「やってあげる」という横柄な思いが強いから**です。その思いは、行動、そのタイミングやスピード、その場の雰囲気など、すべてに反映されます。**これでは「気が**

利く」ではなく、「気の押し付け」となってしまうのではないでしょうか。

私は「気が利く」と言われる方に共通することとして、「相手が存在して、自分が存在する」という考え方があると思っています。

そして、この考え方を支えるのが、「自分という幻からの脱却」です。

そもそも「自分」というものはありません。試しに目を閉じて心を落ち着かせ、そのまま「自分」というものが何処にいるか指を指してみて下さい。おそらく、だれも「自分」を指させる方などいないと思います。

実は、「自分」というのは言葉の響きだけなのです。この世の中には、何一つとして、独立して存在しているものはありません。みんな繋がりあって形成され存在しているのです。その繋がりで形成されている一つのものを私たちは仮に「自分」と呼んでいるのです。この物事の捉え方を仏教では「縁起」といいます。

私は、「気が利く」という言葉の根底には、この**「縁起」の考え方から生まれる「共生」の意識**が流れ、私たちを自然と突き動かすことを意味していると思っています。

そして、**「気が利く」の「気」とは、「注意」「意識」ではなく、「優しさ」「思いやり」が当てはまる**と思います。また、「利く」とは「働きが現れること」「発揮すること」を意味します。

これらを踏まえると、「気が利く」は英語で「To have a gentle heart that realizes life is mutually sustaining.」（共に生かされているという、優しい心をもつこと）と説明できるのではないかと思いますが、これでは長文になってしまいます。

そこに私は、改めて短い日本語の言葉に凝縮された深い意味を感じます。

おわりに

現在、私は僧侶である傍《かたわ》ら、アメリカ留学で培った経験と語学力を活用し、日英の通訳や翻訳の仕事にも携わっています。
仕事以外でも、日々のメールの送受信、読書、ニュースの閲覧など、英語を使わない日は一日もない生活を送っています。

人と人がコミュニケーションを取るうえで、重要なものの一つが言語です。しかし、生まれ育った文化や環境によって異なる人間の言語は、ときとしてコミュニケーションの高い壁となってしまうこともあります。

私は、その高い壁をできるだけ低くすることに取り組み、世界中の人々の声をはじめ、さまざまな情報を多くの人々が共有できる「橋渡し」をする仕事に大きな責任を感じるとともに、大いなる「やりがい」と「感謝」の気持ちを持っています。

しかし、私はもともとこのような仕事がしたかったわけではありません。幼い頃から英語が話せるようになりたいという憧れはありましたが、通訳や翻訳という仕事はあまりに遠く感じ、また僧侶である自分とは無縁だと思っていました。

ところが、これまでの自分の道程《みちのり》を振り返ってみると、今の仕事に携わることは、まるで導かれていたような不可思議なご縁ばかりがあったことに気が付きます。

例えば、アメリカの大学院に留学中は、指導教授からの依頼で、定期的に日本から短期間の海外研修で来る日本人学生向けの講義を通訳する仕事をしていました。
加えて、日本から特別講義やサバティカル（使途に制限がない職務を離れた長期休暇）のために大学の教授や研究者がお見えになられたときに、買い物や食事など、身のまわりのお世話をさせていただくことも頻繁にありました。

ほかにも、通訳や翻訳の仕事に携わる出来事がたくさんあったのですが、その中でも自分にとって一番大きかったのは、当時日本語を勉強していたアメリカ人の親友からの質問攻めです。
彼と会うたびに、彼が学んだり耳にしたさまざまな日本語の意味を問われ、毎回英語で説明するのに頭を悩ませていたことを覚えています。

どんなに説明しても伝わらなかったり、うまく英語で説明できなかったり、四苦八苦していましたが、そんな中、実は「自分自身が日本語を深く理解していないから説明ができないんだ」ということに気が付いたのです。

この気付きのおかげで、当然のように使用していた日本語の意味を再確認し、新たな意味の発見とともに、とても流暢とはいえない英語ではありましたが、自信を持って言葉の説明ができるようになりました。

もちろん語彙《ごい》を増やすことも大切ですが、言葉一つひとつの中身を深く理解する大切さを学びました。

伝える中身がなければ、いくら英語を使いこなせても、その真意を伝えることはできません。これが私の通訳や翻訳の原点でした。

そして、今思うのは、大切なことを伝えるという点では、僧侶の役割も通訳や翻訳の仕事と共通する部分があるということです。

一般的に仏教は、漢字の熟語がならび、重々しく難しいと思われがちです。私自身が反省しているのが、体裁などを気にしてしまい、このような先入観に輪をかけるように、難しいことを難しいまま説法してきたのです。

その結果、仏教に対する「難しいと」いう先入観を助長させてしまい、肝心な「教え」の深い意味を伝えることをおろそかにしていた気がします。

大事なのは、「形」ではなく、その「中身」なのです。

ただ仏教用語を「形」として伝えるのではなく、その教えの意味を自らの体験を経て「腹に落とした」うえで得た言葉によって、多くの人々に伝えていくことが、僧侶の説法だと思っています。

つまり、同じ言葉でも僧侶によって無限の解釈や説明があるということになります。当然のことですが、私はこのことを常に心がけるようにしています。

私の通訳や翻訳の仕事で培った経験や視点は説法に活かされ、また僧侶としての経験や視点も、言葉や思いの深さを読み取るという点で、通訳や翻訳の仕事にも活かされていると自身で感じています。

そして、このような通訳・翻訳・僧侶の経験を通して、私が悩み辿り着いた日本語の解釈や英訳が、この「訳せない日本語」という本にまとめられています。

本書で紹介しているのは日本語のごく一部にすぎませんが、私たちにとって非常に馴染み深い言葉ばかりです。

そして、どれも私自身がそれらの意味の奥深さに驚かされ、また日本人としてのアイデンティティを、改めて考えさせられました。

最後に、みなさんに一つ試していただきたいことがあります。

まず、右手でも左手でも構わないで、手のひらを自分に向けて下さい。そして、その手のひらをできる限り自分の目の前に近づけてみて下さい。そしてさらに、その手のひらの「しわ」を見てみて下さい。はっきり見えるでしょうか?

きっと顔（目）との距離が近すぎてピントが合わず、手のひらのしわがぼやけてしまっていると思います。

そして次に、少しその手のひらを顔（目）から離してみて下さい。今度は、はっきりと手のひらのしわが見えるはずです。

ひょっとしたら、本当に素敵で大事なものは、実は遠くではなく、私たちのすぐ近くにあって、普段は近すぎて見えていないのかもしれません。

新しいものを求めて外側へ注意を向けがちな今日、本書を通じて母国語を振り返るなかで、その内側にあたる私たちの日々の生活に込められた、「日本の魅力や日本語の素晴らしさ」を感じていただければ幸いです。

大來尚順

「働く」ことの本当の意味を
仏教の世界から考えてみる。

端《はた》楽《らく》

「はた《端》」を「らく《楽》」にする。
それが働くこと。

●定価:本体1500円+税
●ISBN 978-4-434-21729-6

大來尚順 OGI, Shojun 著

人間に義務づけられた「働く」ことに
仏教の考えを取り入れてみることで
ブッダの教えを仕事と生活に役立てる。

本書は、2017 年 4 月当社より単行本として刊行されたものを文庫化したものです。


この作品に対する皆様のご意見・ご感想をお待ちしております。

おハガキ・お手紙は以下の宛先にお送りください。

【宛先】

〒 150-6008 東京都渋谷区恵比寿 4-20-3 恵比寿ｶﾞｰﾃﾞﾝﾌﾟﾚｲｽﾀﾜｰ 8F
（株）アルファポリス　書籍感想係

メールフォームでのご意見・ご感想は右のＱＲコードから、
あるいは以下のワードで検索をかけてください。

アルファポリス　書籍の感想　検索

ご感想はこちらから

アルファポリス文庫

訳せない日本語

大來尚順（おおぎしょうじゅん）

2020年　4月　30日初版発行

編集－原 康明
編集長－太田鉄平
発行者－梶本雄介
発行所－株式会社アルファポリス
〒150-6008東京都渋谷区恵比寿4-20-3 恵比寿ｶﾞｰﾃﾞﾝﾌﾟﾚｲｽﾀﾜｰ8F
TEL 03-6277-1601（営業）　03-6277-1602（編集）
URL https://www.alphapolis.co.jp/
発売元－株式会社星雲社（共同出版社・流通責任出版社）
〒112-0005 東京都文京区水道1-3-30
TEL 03-3868-3275
装丁・中面デザイン－ansyyqdesign
印刷－中央精版印刷株式会社

価格はカバーに表示されてあります。

落丁乱丁の場合はアルファポリスまでご連絡ください。

送料は小社負担でお取り替えします。


ISBN978-4-434-27353-7 C0195